존 베일리와 함께하는
매일 기도

A Diary of Private Prayer

●

최신판 개정

수잔나 라이트(Susanna Wright)
김영일 옮김

우리는 항상 기도하고
낙심하지 말아야 한다
-누가복음 18:1-

경건 서적의 고전

A Diary of Private Prayer

존 베일리와 함께하는
매일 기도

최신판 개정

수잔나 라이트 (Susanna Wright)

김영일 옮김

하늘파사

존 베일리의 *A Diary of Private Prayer*를
개정하여 펴낸 수잔나 라이트의 신판에 대한 찬사

"존 베일리의 고전에 대한 이 신판은 자신의 기도 생활에서 더 깊이 들어가기를 원하는 사람 누구에게나 훌륭한 자원이다. 자신들의 매일 기도 생활의 영역이 확대되고 복을 받기 바라는 모든 사람에게 이 신판을 추천한다."
- 마크 배터슨 (Mark Batterson),
뉴욕 타임스 베스트셀러 *The Circle Maker* (『기도 모임 만들기』)의 저자

"'신망 있는'이란 형용사는 여러 세대의 테스트를 거쳐 남아있는 그러한 고전들에 사용되어야 한다. 존 베일리의 *A Diary of Private Prayer*는 이러한 칭호를 받아온 것이 틀림없다. 기독교 영성의 이 고전은 1936년 출판된 이래 끊임없이 사용되어 왔다. 남녀 불문하고 무수한 사람들이 전적으로 가식이 없이 표현된 베일리의 기도를 통해서 위로와 지혜를 얻고 도전을 받았다. 내가 가지고 있는 이 『일기』는 책장 모서리가 잔뜩 접혀 있는데, 대학 시절부터 내 삶의 한 동반자가 되어 왔다. 그러나 이 고전의 가장 열렬한 팬조차도, 베일리가 그 자신의 시대에 냈던 바로 그 목소리와 같이, 이 책이 신선하고 오늘날의 목소리로 말하는 새로운 판으로 나오기를 갈망해왔다. 수잔나 라이트는 존경심을 가지고 베일리의 기도를 다루었으며 경건한 마음으로 우리를 하나님의 임재 안으로 안내하고 있는데, 이 점에 대해서 우리는 그녀에게 감사를 드린다. 만일 새로운 고전에 대해서 말하는 것이 언제든 적절하다면 ─ 그런데 우리는 아주 신중하게만 그렇게 말해야 마땅한데 ─ 존 베일리의 『일기』에 대한 라이트의 신판에 대해서 우리는 그렇게 말할 수 있을 것이다."
- 마이클 진킨스 (Michael Jinkins), 루이빌 장로교신학대학원 총장 겸 신학 교수

"초판이 나온 이래 *A Diary of Private Prayer*는 현대 영성의 고전으로 확실하게 자리 잡았다. 지금은 여러 나라 말로 번역되었으며 어떠한 스코틀랜드 신학자도 이룩하지 못한 베스트셀러가 되었다. 이 『일기』에 나타난 광범위한 주제, 아주 적절한 언어 및 단순한 경건은 각기 다른 시대와 다양한 상황에서 많은 독자들에게 감명을 주어왔다. 이 최신판은 감탄할 정도로 이 모든 특성들을 보존하면서 존 베일리의 『일기』가 계속해서 새로운 다른 세대에도 이해하기 쉽도록 보장하고 있다."
- 데이빗 퍼거슨 (David Fergusson), 에딘버러 대학교 뉴 칼리지 학장 겸 신학 교수

"존 베일리의 *A Diary of Private Prayer* 는 지난 세기를 거치면서 백만 부 이상 판매되었으며 이 책을 통해 많은 그리스도인들이 복을 받았다. 이 현대어 판은 새로운 세대가 이용할 수 있게 해줄 것이며 오랫 동안 믿어온 그리스도인들은 물론 기도 생활을 시작하는 초신자들에게도 기도에 큰 도움이 될 것이다."

- 니키 검벨 (Nicky Gumbel), 저술가, 알파 인터내셔널 (Alpha International) 의 창설자 및 런던의 홀리 트리니티 브롬튼 (Holy Trinity Brompton) 교회의 교구 목사

"이 책이 거의 100년 전에 처음 출판되었을 때 경건 서적의 고전으로 신속하게 인정을 받았다. 그래서 자신들의 기도 생활이 성장하는 데 도움을 줄 자료를 찾고 있는 새로운 세대의 독자들이 이용하고 쉽게 이해할 수 있도록 수잔나 라이트가 이 책을 개작한 것을 나는 기쁘게 생각한다."

- 피트 그레이그 (Pete Greig), *God on Mute* (『침묵하시는 하나님』) 의 저자 및 24-7 기도운동의 창립자

"기도는 믿음의 언어이다. 어느 다른 언어처럼 이것을 배우는 최선의 방법은 원어민들의 말을 듣고 연습하는 것이다. 이 책에서 초보자는 그들 자신의 기도 생활을 안내하고 성장시키도록 도와줄 아이디어와 단어들과 유형들을 발견하게 될 것이며 더 오래 동안 기도를 해온 신자들은 신선한 영감을 찾게 될 것이다. 그러나 가장 중요한 사실은, 이 책을 사용하는 모든 사람들이 우리가 하나님의 언어를 배울 수 있도록 우리의 언어로 말씀하시기 위해 우리에게 오신 하나님께 더욱 친밀하게 가까이 다가갈 것이라는 점이다."

- 제인 윌리엄스 (Jane Williams), 신학자, 저술가 및 캔터베리 (영국 국교회) 의 전 대감독인 로우언 윌리엄스 (Rowan Williams)의 아내

"수잔나 라이트는 존 베일리의 고전을 새로운 세대가 이용하고 쉽게 이해할 수 있도록 함으로써 현대 그리스도인들에게 큰 봉사를 하였다. 이 책에 실린 기도를 가지고 진지하게 기도하는 사람은 누구든지 그의 삶이 깊어지고 풍성하게 되며 변화될 것이다."

- 그레이엄 톰린 목사 박사 (Rev. Dr. Graham Tomlin), 런던의 성 멀라이터스 (St. Mellitus) 대학 학장 및 *The Provocative Church* (『도발적인 교회』)의 저자

이 안 (I A N)에게

헌정한다.

목 차

Preface – 8   서문 – 9

Author's Note – 10   저자의 일러두기 – 11

Acknowledgments – 12   감사의 말 – 13

옮긴이의 말 – 14

주(註) – 276

Preface

For almost a century, John Baillie's extraordinary classic *A Diary of Private Prayer* has aided and inspired many readers into a deeper prayer walk with God. When I first discovered it, I was enthralled and challenged by the prayers, and it has since become a crucial resource for my prayer life.

I soon wanted to share this treasure with others, but found that the King James English style of the original seemed to prevent the prayers from being accessible for everyone. It is my hope that this new edition, composed in a more contemporary style, will open up the prayers for another generation, and that readers old and new alike may be blessed by the faithfulness and wisdom of John Baillie.

I am especially grateful to Baillie's son, Ian, to whom *A Diary of Private Prayer* is dedicated, for his support and for choosing me to undertake the updating of this classic book before his death in 2008. I am also very grateful to the Baillie family for their support in this venture and for putting me in touch with the Rev. Dr. Robin Boyd, himself an experienced religious writer, who worked with me on the project. Dr. Boyd was a student of John Baillie at New College, Edinburgh, and years later became a friend of Ian Baillie. Without his contributions of scholarly insight, wisdom, and patience, this new edition would not have been possible.

–Susanna Wright

서문

거의 한 세기 동안 존 베일리의 비범한 고전인 *A Diary of Private Prayer* (『개인 기도의 일기』)는 많은 독자들에게 도움과 영감을 주어 하나님과 함께 더욱 깊은 기도의 길을 걸어가도록 했다. 이 책을 처음으로 접했을 때 나는 이 기도들에 의해 마음이 사로잡히고 도전을 받았다. 그 이래로 이 책은 나의 기도 생활을 위한 하나의 결정적인 자료가 되었다.

나는 곧 이 보물과 같은 귀중한 책을 다른 사람들과 함께 나누기를 원했지만 원문의 킹 제임스 영어 스타일 때문에 이 기도들이 누구에게나 이해하기 쉽지는 않은 것 같다는 생각이 들었다. 내가 희망하기는, 더 현대적인 스타일로 개정된 이 신판이 새로운 다른 세대에게 기도의 길을 열어 주고 신구 독자들이 다함께 존 베일리의 신실함과 지혜로 말미암아 복을 받게 되는 것이다.

나는 *A Diary of Private Prayer*가 헌정된 베일리의 아들 이안이 후원해 주고 2008년 별세하기 전에 나를 선택해 이 고전 책에 대한 최신판 개정 작업을 하도록 한 데 대하여 특별히 감사하게 생각한다. 또한 베일리 가족이 이 모험적 사업을 후원해주고 내가 로빈 보이드 목사 박사와 접촉하도록 주선하여 스스로 경험 많은 종교적 저술가인 그가 이 프로젝트에서 나와 함께 일하도록 한 데 대해서도 대단히 감사한 마음을 가지고 있다. 보이드 박사는 에딘버러의 뉴 칼리지에서 존 베일리의 학생이었으며 여러 해 뒤에 이안 베일리의 친구가 되었다. 학자로서의 통찰력과 지혜와 인내를 통한 그의 공헌이 없었더라면, 이 신판은 불가능했을 것이다.

- 수잔나 라이트

Author's Note

Here are prayers for all the mornings and evenings of the months; and at the end of the book two prayers which, when any day falls on a Sunday, may be substituted for the others or else added to them. These prayers are to be regarded as aids; they are not intended to form the whole of the morning's or evening's devotions or to take the place of more individual prayers for oneself and others. On the blank left-hand pages such further petitions and intercessions may be noted down.

The prayers are suited to private use, not to the liturgical use of public worship.

–John Baillie

서문

거의 한 세기 동안 존 베일리의 비범한 고전인 *A Diary of Private Prayer* (『개인 기도의 일기』)는 많은 독자들에게 도움과 영감을 주어 하나님과 함께 더욱 깊은 기도의 길을 걸어가도록 했다. 이 책을 처음으로 접했을 때 나는 이 기도들에 의해 마음이 사로잡히고 도전을 받았다. 그 이래로 이 책은 나의 기도 생활을 위한 하나의 결정적인 자료가 되었다.

나는 곧 이 보물과 같은 귀중한 책을 다른 사람들과 함께 나누기를 원했지만 원문의 킹 제임스 영어 스타일 때문에 이 기도들이 누구에게나 이해하기 쉽지는 않은 것 같다는 생각이 들었다. 내가 희망하기는, 더 현대적인 스타일로 개정된 이 신판이 새로운 다른 세대에게 기도의 길을 열어 주고 신구 독자들이 다함께 존 베일리의 신실함과 지혜로 말미암아 복을 받게 되는 것이다.

나는 *A Diary of Private Prayer* 가 헌정된 베일리의 아들 이안이 후원해 주고 2008년 별세하기 전에 나를 선택해 이 고전 책에 대한 최신판 개정 작업을 하도록 한 데 대하여 특별히 감사하게 생각한다. 또한 베일리 가족이 이 모험적 사업을 후원해주고 내가 로빈 보이드 목사 박사와 접촉하도록 주선하여 스스로 경험 많은 종교적 저술가인 그가 이 프로젝트에서 나와 함께 일하도록 한 데 대해서도 대단히 감사한 마음을 가지고 있다. 보이드 박사는 에딘버러의 뉴 칼리지에서 존 베일리의 학생이었으며 여러 해 뒤에 이안 베일리의 친구가 되었다. 학자로서의 통찰력과 지혜와 인내를 통한 그의 공헌이 없었더라면, 이 신판은 불가능했을 것이다.

- 수잔나 라이트

Author's Note

Here are prayers for all the mornings and evenings of the months; and at the end of the book two prayers which, when any day falls on a Sunday, may be substituted for the others or else added to them. These prayers are to be regarded as aids; they are not intended to form the whole of the morning's or evening's devotions or to take the place of more individual prayers for oneself and others. On the blank left-hand pages such further petitions and intercessions may be noted down.

The prayers are suited to private use, not to the liturgical use of public worship.

–John Baillie

저자의 일러두기

여기에 있는 것은 한 달의 매일 아침과 저녁에 드리는 기도들이다. 그리고 책 마지막에 나오는 두 기도는 어떤 날이 주일이 될 때 그 날의 기도를 대치하거나 아니면 그 날에 추가해서 드릴 수 있다. 이 기도들은 보조 수단으로 간주되어야 한다. 이것을 작성한 의도는 아침 기도나 저녁 기도의 전부를 망라하는 것도 아니며 자기 자신과 남을 위한 더욱 개인적 기도를 대신하는 것도 아니다. 왼쪽 페이지의 여백에는 여러분이 그러한 추가적인 간구와 중보기도를 기록할 수 있다.

이 기도들은 개인적인 사용에 적합하며 공중 예배의 의식에 사용하기에는 적합하지 않다.

- 존 베일리

Acknowledgments

In addition to those mentioned in the preface to the new edition, I would also like to acknowledge and thank:

God—you have been my refuge and my strength at all times.

My husband, Stu, and our children—for their unfailing support and love.

Scribner—for their support and enthusiasm for this project.

Bishop Julian Henderson—through whom *A Diary of Private Prayer* first came to me.

My family and friends who have prayed for this new edition with me over the years: the Millers, Jourdains, Woollgars, Wrights, Hunts, Hobleys, and Munns, and Deborah Andrews, Rebecca Daynes, Anna Farrell, and Heather Grizzle. Your prayers have meant so much.

Anna Thayer and Esther Woollgar—for help in the early days.

Mark Batterson—whose book inspired me to circle this project in prayer.

Those who have kindly endorsed this new edition.

I dedicate my work in this new edition to my children, Jed and Lily; keep praying and never give up!

감사의 말

서문에서 언급된 분들에 추가해서 나는 또한 다음 여러분들에 대해서도 심심한 감사를 드리고 싶다.

하나님—주님은 언제나 나의 피난처요 나의 힘이 되셨습니다.

남편 스투와 우리 자녀들—이들의 변함없는 후원과 사랑에 대해서.

스크리브너 출판사—이 프로젝트를 위한 그들의 지원과 열정에 대해서.
줄리언 헨더슨 감독—이 분을 통해서 내가 처음으로 *A Diary of Private Prayer*를 받았다.
이 신판을 위해서 나와 함께 수년에 걸쳐 기도해온 내 가족과 친구들: 밀러 가족, 저데인 가족, 울가 가족, 라이트 가족, 헌트 가족, 호블리 가족 및 먼스 가족, 그리고 데보라 앤드루스, 레베카 데인스, 안나 파렐 및 헤더 그리즐. 여러분의 기도는 정말 많은 의미가 있었다.

안나 데이어와 에스더 울가—초기에 준 도움에 대해서.
마크 배터슨—그의 책을 통해서 나는 기도하면서 이 프로젝트를 알리도록 영감을 받았다.
이 신판을 친절하게 지지해준 분들이 더 있었다.

이 신판으로 나온 나의 책을 내 자녀들인 제드와 릴리에게 헌정한다.
꾸준히 기도하고 결코 포기하지 말기 바란다!

옮긴이의 말

이 책은 존 베일리 (John Baillie)의 *A Diary of Private Prayer*를 수잔나 라이트 (Susanna Wright)가 현대 영어로 개정하여 2014년에 나온 신판을 번역한 것이다. 기독교 경건 서적의 고전이 된 존 베일리의 기도서는 1936년에 초판이 나온 이후 1백만 부 이상이 인쇄되었으며 여러 나라 말로 번역되었고, 특히 우리나라에서는 1982년부터 2012년까지 여섯 종류의 번역서가 출판되어 수많은 그리스도인들의 기도 생활에 여러 면에서 큰 도움을 주었다.

수잔나 라이트는 원서의 제목인 *A Diary of Private Prayer*를 그대로 유지하였다. 이것을 직역하자면 『개인 기도의 일기』이다. 하지만 옮긴이는 매일 아침과 저녁에 드리는 기도문의 구조를 반영하고 수잔나 라이트의 개정판 취지에 부합하게 책 제목을 『존 베일리와 함께하는 매일 기도』로 바꾸었다.

존 베일리의 기도서가 기독교 영성의 고전이 된 데에는 나름대로 여러 가지 이유가 있으며 이것은 바로 이 책이 우리 그리스도인들에게 끊임없이 감동과 도전과 은혜를 주는 주요 원동력이기도 하다. 이 기도문들의 탁월한 특성을 다음과 같이 정리해볼 수 있겠다.

1. 이 기도문들에는 기도의 필수 요소들이 골고루 포함되어 있으며 광범위한 주제를 다루고 있다. 그 주요 요소들은 다음과 같다. 하나님에 대한 찬양과 영광을 돌리기, 성부, 성자, 성령 삼위일체 하나님에 대한 균형 잡힌 표현, 하나님의 은혜와 자비에 대한 간구, 감사, 죄의 고백과 회개 및 용서에 대

한 간구, 구원받은 성도로서 하나님이 원하시는 일상 생활의 여러 모습—개인과 공동체의 양 관점에서—, 다른 사람들을 위한 중보 기도, 특별히 병자와 사회적 약자와 소외된 자들을 위한 기도, 공공기관과 선교사들을 위한 기도 및 영원한 하늘 나라와 영생에 대한 소망 등이 수록되어 있다.

2. 이 기도문들은 대단히 성서적이다. 시편의 말씀으로 드리는 기도가 제10일 아침과 제20일 저녁에 각각 8회씩 나온다. 그리고 기도문 중에 시편 구절이 인용된 경우가 5회 있다. 또한 예수님의 말씀과 이에 순종을 구하는 기도가 제8일 아침과 제18일 아침에 각각 6회와 8회씩 나온다. 동시에 이 두 날 아침 기도는 주기도문으로 끝난다. 나아가 사도 바울의 말씀과 이에 순종을 구하는 기도가 제30일 저녁에 6회 언급된다. 끝으로 다른 일곱 개의 성경 구절이 포함되어 있다.

이처럼 이 기도문들은 중요한 성경 구절들을 인용해서 기도로 드리는 경우가 많다. 그밖에 성경 구절에 근거한 기도문도 5회 나온다.

3. 이 기도문들에는 역사적으로 위대한 신앙인들의 글이 많이 수록되어 있다. 성 어거스틴의 『고백록』에 있는 두 개의 기도문이 나온다. 또한 신앙시의 구절이 7회 언급되고 이중에서 찬송시의 구절이 3회 인용된다. 나아가 역사적으로 유명하거나 작자 미상의 신앙인들의 글로 이루어진 지혜자와 지혜로운 여인의 말씀 또는 기도와, 이 말씀에서 배우고 이 기도로 기도할 수 있는 은혜를 구하는 기도가 제25일 아침에 9회 나온다.

이와 같이 이 기도문들은 오랜 기독교 전통에 나타난 다양한 신앙인들의 가치 있는 표현들을 소개함으로써 기도의 내용을 역사적으로 풍성하게 만들고 있다.

수잔나 라이트의 최신판은 킹 제임스 영어 스타일로 쓰여진 존 베일리의 원문을 현대식 영어로 개정하고 원문의 뜻을 살리면서 단어나 어구나 문장 구조 면에서 표현을 많이 바꾸었다. 그래서 새로운 세대의 독자들이 기도 생활의 고전이 된 존 베일리의 이 기도서를 가까이 이용하고 쉽게 이해할 수 있게 되었으며, 또한 이전에 원판으로 나온 기도서에 익숙한 기성 세대의 독자들도 쉽게 이해하고 이용할 수 있는 기도 생활의 친근한 자료로 삼을 수 있게 되었다.

또한 원판의 기도서에는 인용된 글들의 출처가 밝혀져 있지 않지만. 수잔나 라이트는 이 개정판 책 끝의 주에서 그 출처를 밝히고 있어서 독자들이 이해하는 데 많은 도움을 주고 있다. 이 두 가지 점에서 수잔나 라이트의 공헌이 크다 하겠다.

이에 덧붙여 옮긴이는 독자들의 편의를 위해 인용된 성경 말씀의 출처는 책 끝의 주로 돌리지 않고 말씀이 언급될 때마다 (   ) 속에 출처를 밝혔다. 그 외에 인용된 글들의 출처는 수잔나 라이트와 같이 책 끝의 주에서 밝혔으며 출처에 관한 설명이 더 필요한 경우 다른 자료들을 참고로 보완하였다.

그런데 수잔나 라이트의 개정판은 네 가지 면에서 원문과 차이점을 보이고 있어서 독자들의 이해가 필요하다고 본다.

1. 원문에 나오는 중요한 단어나 어구나 문장이 현대판에 누락된 경우가 모두 14회나 된다. 옮긴이는 이러한 표현들이 그 문맥에서 나름대로 의미가 있으며 그것을 빼야 할 특별한 이유가 없다고 판단해서 빠진 부분들을 그대로 번역하고 [   ] 속으로 표시를 하였다.

2. 이와는 반대로 원문에는 없지만 개정판에 추가된 신앙시 구절이 제12일 저녁 기도문 끝에 나온다. 역자는 이를 존중하고 그대로 번역하였다.

3. 제13일 아침 기도문 전반부에는 원문의 경우, 하나님의 만물과 인간의

창조 및 타락과, 그로 인해 훼손된 하나님의 형상을 회복시키시기 위해서 하나님이 그의 독생자를 선물로 보내시고 그 분 안에서 인간이 새 생명을 얻게 하셨다는 구원의 역사에 대한 신앙고백을 서술하고 있다.

그러나 개정판에서는 하나님의 만물 창조에 관해 성경에는 언급이 안되어 있는 복합적인 내용과 하나님의 인간 창조, 역사의 시작 및 제단 쌓기와 기도의 시작을 언급하는 간단한 내용에 대한 신앙고백을 기술하고 있다. 수잔나 라이트의 글은 존 베일리의 원문과 상당한 차이가 있으므로 둘 다 번역하였으며 이에 대한 판단과 선택은 독자에게 맡긴다.

이 기도문들은 개인이 기도할 때뿐만 아니라 공중예배나 기도회나 소그룹 모임에서도 사용할 수 있다고 생각한다. 이 기도서의 원제목 『개인 기도의 일기』를 보면 개인의 기도 생활을 위해 쓰여진 것이 분명하고, 또 존 베일리도 그의 "일러두기"에서 "이 기도들은 개인적인 사용에 적합하며 공중예배의 의식에 사용하기에는 적합하지 않다."고 말했지만, 이 기도문들을 선택적으로 지혜롭게 사용한다면 그룹이 모여 기도할 때에도 얼마든지 사용할 수 있다고 본다.

또한 이 기도서는 기도선집이지만 그리스도인들이 단지 기도용으로 따라 읽으며 기도하는 것으로 끝날 것이 아니라 묵상집으로도 사용할 수 있다고 생각한다. 성도들이 기도문의 의미를 묵상하고 하루하루 아침과 저녁으로 하나님 앞에 있는 자기 자신의 모습을 성찰하면서 하나님이 원하시고 기뻐하시는 방향으로 나아가는 보람된 삶을 살도록 영적 성장을 계속 할 수 있다고 옮긴이는 믿는다.

나아가 글로벌 시대에 우리가 하나님께 영어로 기도를 드린다면 영어권 국가에 사는 모든 그리스도인들과의 영적 유대감이 깊어질 수 있을 것이다. 영어로 이 기도문을 읽으면서 기도하고 싶은 분들과 영어 기도에 어느 정도 경험이 있는 분들을 염두에 두고 개정판의 영어 원문을 (존 베일리의 영어 원문이 생략된 경우에는 이것도 포함해서) 매일 아침과 저녁 우리말 기도문의 왼쪽 면에 각각 포함시켜서 영한 대조 기도서가 되도록 하였다. 영어로 날마다 하나님과 대화를 나누기 원하는 분들과 영어 예배를 인도하는 분들에게 많은 도움을 줄 것으로 기대한다.

마지막으로, 옮긴이는 하나님의 특별한 은혜로 이번에『존 베일리와 함께하는 매일 기도』를 번역하여 출판하게 되어 대단히 기쁘고 감사하게 생각한다. 영어 기도문을 우리말로 제대로 옮기는 것이 정말 세심한 주의를 필요로 하고 어려운 일임을 체득하면서 번역을 완료하기까지 역자의 간절한 기도에 응답하시고 필요한 지혜와 올바른 판단력을 주신 만유의 주 하나님께 감사를 드리고 찬양과 영광을 올려 드린다. 할렐루야! 또한 이 기도서를 통해서 다음과 같은 소원들이 이루어지기를 옮긴이는 기도한다.

많은 그리스도인들이 주님과 더욱 친밀하고 자연스러운 태도로 기도하고, 더욱 충실하게 믿음과 소망과 열정을 가지고 기도하고, 주님을 더욱 사랑하는 마음으로 기도함으로써, 주님의 뜻에 합당하게 일상 생활을 올바로 해 나갈 수 있는 힘을 얻고, 어려움이나 고난을 이길 수 있는 힘을 얻으며, 실망이나 좌절을 이기고 기도에 나태함이나 무기력감을 물리치고, 유혹이나 우울증을 극복할 수 있는 힘을 얻기 바란다. 그래서 기도의 좋은 열매를 많이 거두어 매일매일 영적 갈증을 계속해서 채워나가기를 소원한다.

존 베일리와 함께하는 매일 기도

A Diary of Private Prayer

FIRST DAY MORNING

ETERNAL Father of my soul, let my first thought today be of you, let my first impulse be to worship you, let my first word be your Name, let my first action be to kneel before you in prayer.

For your perfect wisdom and perfect goodness;
For the love you have for all people;
For the love you have for me;
For the great and mysterious opportunity of my life;
For your Spirit, who dwells in my heart;
For the seven gifts of your Spirit;
I praise and worship you, O Lord.

Yet when this morning prayer is finished, do not let me think that my worship is ended and spend the rest of the day forgetting you. Rather, from these quiet moments, let light and joy and power pour out and remain with me through every hour of this day.

May that light and joy and power:
Keep my thoughts pure;
Keep me gentle and truthful in all I say;

제1일   아침

　내 영혼의 영원하신 아버지, 오늘 나의 첫 번째 생각이 주님을 향하게 하시고, 나의 첫 번째 충동이 주님을 예배하게 하시며, 나의 첫 번째 말이 주님의 이름을 부르게 하시고, 나의 첫 번째 행동이 주님 앞에 무릎을 꿇고 기도하게 하옵소서.

　오 주님, 주를 찬양하고 예배합니다.
　주님의 완전한 지혜와 완전한 선하심으로 인하여,
　모든 사람을 향한 주님의 사랑으로 인하여,
　나를 향한 주님의 사랑으로 인하여,
　내 인생에게 주어진 위대하고 신비로운 기회로 인하여,
　내 마음 속에 내주하시는 주의 성령으로 인하여,
　주의 성령이 주시는 일곱 가지 은사로 인하여,
　오 주님, 주를 찬양하고 예배합니다.

　하지만 이 아침 기도를 마칠 때, 나의 예배가 끝났다고 생각하여 오늘 나머지 시간을 주님을 잊은 채로 보내지 않게 하옵소서. 오히려 지금 이 조용한 순간으로부터 빛과 기쁨과 능력이 쏟아져 나와 오늘 내내 시간 시간마다 나와 함께 머물게 하옵소서.

　그 빛과 기쁨과 능력을 통해서
　내 생각을 순결하게 하시고,
　내가 하는 모든 말은 온유하고 진실하게 하시며,

Keep me faithful and diligent in my work;
Keep me humble in my opinion of myself;
Keep me honorable and generous in my dealings with others;
Keep me loyal to every cherished memory of the past;
Keep me mindful of my eternal destiny as your child.

O God, you have been the refuge of your people through many generations; be my refuge in every moment and every need that I face today. Be my guide through all uncertainty and darkness. Be my guard against all that threatens my spiritual well-being. Be my strength in times of testing. Cheer my heart with your peace; through Jesus Christ my Lord. Amen.

● *A Diary of Private Prayer*

내가 하는 일은 충실하고 근면하게 하시고,
내 자신을 평가하는 일에는 겸손하게 하시며,
다른 사람들을 대할 때는 존경받을 만하고 관대하게 하시고,
소중히 여기는 과거의 모든 기억을 충실하게 간직하게 하시며,
주님의 자녀가 된 나의 영원한 운명을 늘 염두에 두게 하옵소서.

오 하나님, 주님은 수많은 세대를 거치면서 주의 백성의 피난처가 되셨습니다. 내가 오늘 만나는 모든 순간 마다 그리고 모든 어려움에 처할 때마다 나의 피난처가 되어 주옵소서. 내가 모든 불확실하고 어두운 상황을 지날 때 나의 인도자가 되어 주옵소서. 나의 영적 평안을 위협하는 모든 것으로부터 지키시는 나의 보호자가 되어 주옵소서. 내가 시련을 겪을 때 나의 힘이 되어 주옵소서. 주님이 주시는 평안으로 내 마음을 기운이 나게 하옵소서. 나의 주 예수 그리스도의 이름으로 기도합니다. 아멘.

FIRST DAY EVENING

O LORD, you are from everlasting to everlasting; I turn my thoughts to you as the hours of darkness and of sleep begin. O Sun of my soul, I rejoice to know that all night I shall be under the watchful eye of the One who dwells in eternal light.

Into your care, Father, I now entrust my body and soul. All day you have watched over me, your companionship has filled my heart with peace. Accompany me throughout the night.

Give me sound and refreshing sleep;
Give me safety from all dangers;
Give me freedom from restless dreams;
Give me control of my thoughts, if I lie awake;
Give me wisdom to remember that the night was made for sleeping and not for harboring anxious or distressing thoughts.
Give me grace, if I lie awake thinking, to think of you.

"My soul is satisfied as with a rich feast,
and my mouth praises you with joyful lips
when I think of you on my bed,
and meditate on you in the watches of the night."

제1일 저녁

오 하나님, 주님은 영원부터 영원까지 계십니다. 어둠이 찾아와서 잠을 자야 하는 이 시간에 나의 생각을 주께 돌립니다. 오 내 영혼의 태양이신 하나님, 나는 오늘밤 내내 영원한 빛 속에 거주하시는 주님이 주무시지도 않고 지켜보시는 가운데 내가 잠들 것을 알고 기뻐합니다.

아버지, 주님의 돌보심에 이제 나는 내 몸과 영혼을 맡깁니다. 하루 종일 주님은 나를 지키셨으며, 주님이 나와 동행하심으로 내 마음은 평안으로 가득 찼습니다. 오늘밤 내내 나와 동행하여 주옵소서.

내가 단잠을 자서 원기를 회복하게 하옵소서.
모든 위험에서 나를 안전하게 지켜 주옵소서.
내가 잠 못 이루는 꿈에 시달리지 않게 하옵소서.
내가 누워 아직 잠이 안온다면, 내 생각을 통제할 수 있게 하옵소서.
나에게 지혜를 주시어 밤은 잠자기 위한 시간이지 염려하거나 고통스러운 생각으로 뒤척이는 시간이 아님을 기억하게 하옵소서.
나에게 은혜를 주시어 내가 누워 아직 잠이 안와서 무언가 생각한다면, 주님을 생각하게 하옵소서.

"골수와 기름진 것을 먹음과 같이 나의 영혼이 만족할 것이라.
나의 입이 기쁜 입술로 주를 찬송하되
내가 나의 침상에서 주를 기억하며
새벽에 주의 말씀을 작은 소리로 읊조릴 때에 하오리니." (시편 63:5-6)

Father, into your hands I commit my family and friends, asking you to keep them safe in soul and body, and to be present in their hearts tonight as a Spirit of power, joy, and rest. I pray for ___ and ___. I pray also for those I work with, those around me, those nearby who are unknown to their neighbors, and all those beyond, whom I don't know but who are dear to you; through Jesus Christ our Lord. Amen.

● *A Diary of Private Prayer*

아버지, 오늘밤 나는 내 가족과 친구들을 주님의 손에 맡깁니다. 주님께 간구하오니 그들의 영혼과 육신을 안전하게 지켜 주시고, 능력과 기쁨과 안식의 성령으로 그들의 마음속에 임재하여 주옵소서. 이제 나는 ___ 와 ___ 를 위해서 기도합니다. 또한 내가 함께 일하는 사람들, 내 주변의 사람들, 서로 모르지만 바로 이웃에 있는 사람들, 그리고 나는 모르지만 주께서는 아시고 귀중하게 보시는 저 멀리 있는 모든 사람들을 위해서 기도합니다. 우리 주 예수 그리스도의 이름으로 기도합니다. 아멘.

SECOND DAY MORNING

O GOD my Creator and Redeemer, I cannot go into this day unless you accompany me with your blessing. Do not let the vigor and freshness of the morning, or the glow of health, or the present success of my life deceive me into a false reliance upon my own strength. All these good gifts have come to me from you. They were yours to give and are yours to take away. They are not mine to keep; I am your steward, and only by continuing to depend on you, the Giver, can they be enjoyed with integrity.

Let me then give back into your hands all that you have given me, rededicating to your service all I can do with my mind and body, all my possessions, and all my influence with others. All these are yours to use as you want, Father. All these are yours, Christ Jesus. All these are yours, Holy Spirit.

O my Lord, speak in my words today, think in my thoughts, and work in all my actions. Thank you that it is your gracious will to make use of me, even at my weakest, to fulfill your mighty purpose for the world. Let my life today be a channel through which at least a little of your love and compassion may reach the lives of those around me.

In your presence, O God, I remember all my friends and neighbors, those who live in this area, and especially those who are poor, asking you to give me grace to serve them wholeheartedly

제2일 아침

오 나의 창조주요 구속자이신 하나님, 주께서 주시는 복과 함께 오늘 나와 동행하시지 않는다면, 나는 이 하루를 시작할 수 없습니다. 이 아침에 느끼는 활기차고 신선한 기분이나 양호한 건강 상태나 내 인생에서 누리는 현재의 성공에 현혹되어 내 자신의 힘을 헛되이 의지하지 않게 하옵소서. 이 좋은 선물들은 모두 주께로부터 왔습니다. 그것들을 주신 분도 주님이시요 거두어 가시는 분도 주님이십니다. 그것들은 내 소유물이 아닙니다. 나는 주님의 청지기일 따름입니다. 그래서 주시는 분인 주님을 계속해서 의지할 때에만 이 모든 선물을 온전하게 누릴 수 있습니다.

그러니 주께서 내게 주신 모든 것을 주님 손에 되돌려 드리게 하옵소서. 나의 정신과 몸으로 할 수 있는 모든 것과 나의 모든 소유물과 다른 사람들에 대한 내 모든 영향력을 주님을 섬기는 일에 다시 바치게 하옵소서. 아버지여, 이 모든 것들은 다 주의 것이오니 주님 뜻대로 사용하여 주옵소서. 그리스도 예수여, 이 모든 것들은 다 주의 것입니다. 성령이여, 이 모든 것들은 다 주의 것입니다.

오 나의 주님, 오늘 내 말을 통해서 말씀하시고, 내 생각을 통해서 생각하시며, 내 모든 행동을 통해서 일하시옵소서. 주님이 주의 은혜로운 뜻에 따라 이 세상을 위한 주님의 위대한 목적을 이루시기 위해 나를 사용하시되, 나의 가장 약한 부분까지도 사용하시는 주님께 감사드립니다. 오늘 나의 삶이 주님의 사랑과 긍휼을 조금만이라도 내 주변의 사람들과 함께 나누는 통로가 되게 하옵소서.

오 하나님, 주 앞에서 내 모든 친구들과 이웃들, 이 지역에 사는 사람들, 그리고 특히 가난한 사람들을 기억하며 구하오니, 내게 은혜를 베푸시어 주

in your name.

O blessed Jesus, you used your own life for the redemption of your human brothers and sisters. You gave no thought to your comfort or earthly gain, but you filled up your hours and days with deeds of selfless love. Give me grace today to follow the road that you walked; and to your name be all the glory and the praise, even to the end. Amen.

● *A Diary of Private Prayer*

님의 이름으로 온 마음을 다해 그들을 섬기게 하옵소서.

　오 복되신 예수님, 주님은 인류 형제자매를 구속하시려고 자신의 생명을 내어주셨습니다. 주님은 자신의 안락이나 세상적인 이득을 생각하신 것이 아니라 주의 시간과 날들을 이기심 없는 사랑의 행위로 가득 채우셨습니다. 오늘 나에게 은혜를 베푸시어 주님이 걸어가신 그 길을 따라가게 하옵소서. 세상 끝 날까지 주의 이름에 모든 영광과 찬양이 있기를 원합니다. 아멘.

SECOND DAY EVENING

O FATHER in heaven, who crafted my limbs to serve you and my soul to follow closely after you, with sorrow and repentance of heart I acknowledge before you the faults and failures of today. For too long I have tried your patience and too often I have betrayed your trust; yet you still want me to come to you with a humble heart, as I now do, imploring you to drown my sin in the sea of your infinite love.

O Lord, forgive me for:
My failure to be true, even to my own standards;
My excuses in the face of temptation;
My choosing of the worse when I know the better;

O Lord, forgive me for:
My failure to apply to myself the standards I demand of others;
My blindness to the suffering of others, and the time it takes me to learn from my own;
My apathy toward wrongs that do not impact me, and my oversensitiveness to those that do.

O Lord, forgive me for:

제2일 저녁

　오 하늘에 계신 아버지, 나의 손발을 만들어 주를 섬기도록 하시고 나의 영혼을 지어 주를 친밀하게 따르도록 하신 주님, 이제 나는 슬퍼하고 회개하는 마음으로 오늘 하루의 잘못과 실패를 주 앞에서 고백합니다. 너무나 오랫동안 나는 주님의 인내를 시험하였으며 너무나 자주 주님의 신뢰를 배반하였습니다. 하지만 주님은 내가 지금 하는 것처럼 겸손한 마음으로 주께 나아오기를 여전히 원하십니다. 간구하오니 나의 죄를 주님의 무한하신 사랑의 바다에 잠기게 하옵소서.

오 주여, 이런 죄를 용서하여 주옵소서.
내 자신이 정해 놓은 기준에 조차 충실하지 못했습니다.
유혹 앞에서 스스로 변명했습니다.
더 나은 것을 알면서도 더 나쁜 것을 선택했습니다.

오 주여, 이런 죄를 용서하여 주옵소서.
다른 사람들에게 요구하는 기준을 정작 나 자신에게는 적용하지 못했습니다.
다른 사람들의 고통은 외면했고 나 스스로의 고통에서 배우는 데에는 꾸물댔습니다.
나에게 영향을 주지 않는 잘못들에 대해서는 무관심했고 내가 영향을 받는 잘못들에 대해서는 지나치게 민감했습니다.

오 주여, 이런 죄를 용서하여 주옵소서.

My slowness to see the good in others and to see the flaws in myself:

My hard-heartedness toward the faults of others and my readiness to make allowances for my own;

My unwillingness to believe that you have called me to a small work and my brother or sister to a great one.

"Create in me a clean heart, O God, and put a new and right spirit within me. Do not cast me away from our presence, and do not take your holy spirit from me. Restore to me the joy of your salvation, and sustain in me a willing spirit." Amen.

● *A Diary of Private Prayer*

다른 사람들에게서 좋은 점을 보고 나 자신에게서 결점을 보는 데에 늑장을 부렸습니다.
다른 사람들의 허물에 대해서는 무자비했으나 나 스스로의 허물에 대해서는 쉽게 관대히 보아 주었습니다.
주께서 나는 작은 일을 위해 부르셨고 나의 형제자매는 큰 일을 위해 부르셨음을 믿고 싶지 않았습니다.

"하나님이여 내 속에 정한 마음을 창조하시고 내 안에 정직한 영을 새롭게 하소서. 나를 주 앞에서 쫓아내지 마시며 주의 성령을 내게서 거두지 마소서. 주의 구원의 즐거움을 내게 회복시켜 주시고 자원하는 심령을 주사 나를 붙드소서." (시편 51:10-12) 아멘.

THIRD DAY   MORNING

LORD of my life, whose commands I am eager to keep, whose fellowship I am eager to enjoy, and to whose service I am eager to be loyal, I kneel before you as you send me out to serve you.

Thank you, Lord, for this new day. For its gladness and brightness; for its many hours waiting to be filled with joyful and helpful labor; for its open doors of possibility, for its hope of new beginnings.

Stir up in my heart the desire to make the very most of today's opportunities. Do not let me break any of yesterday's promises, or leave unrepaired any of yesterday's wrongs. Do not let me see anyone in distress and pass by on the other side. Give me the strength to confront any mountain of duty or bad habit. Where an action of mine can make this world a better place, where a word of mine can cheer a sad heart or strengthen a weak will, where a prayer of mine can serve [the extension of][1] Christ's kingdom, there let me act and speak and pray.

This day O Lord—

Give me courtesy;
Give me both gentleness of demeanor and decisiveness of

제3일   아침

나의 생명의 하나님, 나는 주의 명령을 지키기를 간절히 원합니다. 주님과의 교제를 누리기를 간절히 원합니다. 주님을 섬기는 데 충성하기를 간절히 원합니다. 이제 주를 섬기기 위해 나를 보내시는 주님 앞에 무릎을 꿇습니다.
　주님, 오늘 새날을 주셔서 감사드립니다. 새날의 기쁨과 화창함을 주셔서 감사드립니다. 즐겁고 유익한 노동으로 채워질 많은 시간을 주셔서 감사드립니다. 가능성의 문이 활짝 열려 있어서 감사드립니다. 새롭게 시작할 수 있는 희망을 주시니 감사드립니다.
　주님께 간구하오니, 오늘의 기회들을 최대한 활용하려는 열망을 내 마음속에 품게 하옵소서. 어제 한 약속들을 하나도 어기지 않게 하시고, 어제 한 잘못들을 하나도 고치지 않은 채 그대로 두지 않게 하옵소서. 고통 중에 있는 사람이 누구든지 보고도 모른 체 지나가지 않게 하옵소서. 의무가 많더라도 맞서서 의무를 이행할 수 있는 힘을 나에게 주시고 혹은 나쁜 습관에 맞서서 고칠 수 있는 힘을 나에게 주옵소서. 내 행동이 이 세상을 살기 더 좋은 곳으로 만들 수 있다면, 내 말이 슬픈 마음의 기운을 북돋워 주거나 연약한 의지를 강하게 할 수 있다면, 내 기도가 그리스도의 나라 [확장]1)에 이바지할 수 있다면, 그곳이 어디이든 내가 행동하고 말하고 기도하게 하옵소서.

　오 주님, 오늘

　나에게 공손함을 주소서.
　나에게 온유한 태도와 결단력 있는 품성을 둘 다 주소서.

character;

Give me patience;

Give me love;

Give me self-control and faithfulness in my relationships;

Give me sincerity in my speech;

Give me diligence in the work you have given me to do.

O Lord, who when the time was right raised up our Lord and Savior Jesus Christ to enlighten our hearts with the knowledge of your love, grant me the grace to be worthy of his name. Amen.

● *A Diary of Private Prayer*

나에게 인내심을 주소서.
나에게 사랑을 주소서.
나의 인간관계에서 자제심과 충실함을 주소서.
나에게 말의 진실함을 주소서.
주께서 나에게 맡겨주신 일을 할 때 부지런함을 주소서.

오 하나님, 주님은 때가 찼을 때 우리 주와 구원자이신 예수 그리스도를 이 세상에 보내시어 주님의 사랑을 아는 지식으로 우리 마음을 깨우쳐 주셨습니다. 나에게 그리스도의 이름에 합당한 은혜를 주옵소서. 아멘.

THIRD DAY   EVENING

O LORD, you are most wise, most great, and most holy. In wisdom and power and tender mercy you created me in your own image. You have given me this life, you have given me all I have, and you know where and how I live. You have surrounded me with gracious gifts and situations. You have written your law within my heart.

And in my heart's most secret chamber you are waiting to meet and speak with me, freely offering me your fellowship in spite of all I have done wrong. Help me to take this open road to peace of mind. Help me to approach your presence with humility and reverence, carrying with me the spirit of Jesus. Help me to leave behind all anxieties, all wrong desires, all thoughts of malice toward others, and all hesitancy to surrender my will to yours.

In your will, O Lord, is my peace.
[In Thy love is my rest.
In Thy service is my joy.]
You are all my heart desires.
"Whom have I in heaven but you?
And there is nothing on earth that I desire other than you."

In your presence, O God, I cannot think only of myself, but also

제3일 저녁

　오 하나님, 주님은 지극히 지혜로우시고 지극히 위대하시며 지극히 거룩하신 분입니다. 주님은 지혜와 권능과 다정한 자비로 나를 주의 형상대로 창조하셨습니다. 주님은 나에게 이 생명을 주셨으며 내가 가진 모든 것을 주셨습니다. 주님은 내가 어디서 어떻게 살아가는지 알고 계십니다. 주님은 은혜로운 선물들과 상황들로 나의 삶을 감싸 주셨습니다. 주님은 내 마음 안에 주의 율법을 기록해 놓으셨습니다.

　이제 내 마음의 지극히 은밀한 방에서 주님은 나의 모든 잘못된 행동에도 불구하고 나를 만나 이야기하시면서 은혜 가운데 나와 교제를 나누시려고 기다리고 계십니다. 그러므로 마음의 평화에 이르도록 열려 있는 이 길로 내가 나아가게 도와주옵소서. 예수님의 영을 모시면서 겸손하고 경외하는 마음으로 하나님의 임재에 가까이 나아가게 도와주옵소서. 모든 불안과 모든 잘못된 욕망과 다른 사람들을 향한 악의적인 모든 생각과 내 뜻을 주님 뜻에 굴복시키지 못하는 모든 주저하는 마음을 버리게 도와주옵소서.

　오 주님, 주의 뜻 안에 내 평안이 있습니다.
　[주의 사랑 안에 내 안식이 있습니다.
　주를 섬기는 데에 내 기쁨이 있습니다.]
　주님은 내 마음이 바라는 전부입니다.
　"하늘에서는 주 외에 누가 내게 있으리요?
　땅에서는 주 밖에 내가 사모할 이 없나이다." (시편 73:25)

　오 하나님, 이제 나는 주 앞에서 나 자신뿐 아니라 다른 사람들도 생각

of others:

Of my friends, especially of ⎯ and of ⎯;
Of those I have worked or played with today;
Of those who are in sorrow;
Oh those who are bearing the burdens of others;
Of those who are alone in difficult or remote situations, working in lonely outposts of your kingdom.

You are the one God and Father of us all; be near us tonight and graciously watch over us. Hear my prayer for Jesus' sake. Amen.

- *A Diary of Private Prayer*

하고 있습니다.

나의 친구들, 특별히 ―― 와 ―― 를 생각합니다.
오늘 나와 함께 일하거나 놀았던 이들을 생각합니다.
슬픔 가운데 있는 이들을 생각합니다.
다른 사람들의 짐을 지고 있는 이들을 생각합니다.
어려운 상황이나 외딴 곳에서 홀로 일하는 이들,
혹은 하나님의 나라의 외로운 전초기지인 선교지에서 일하는 이들을 생각합니다.

우리 모두의 한 분 하나님이시며 아버지가 되시는 주님, 오늘밤 우리 곁에 가까이 계시어 우리를 은혜로 지켜 주옵소서. 예수 그리스도의 이름으로 기도합니다. 아멘.

FOURTH DAY   MORNING

ALMIGHTY and eternal God,
You are hidden from my sight;
You are beyond the understanding of my mind;
Your thoughts are not like my thoughts;
Your ways are past finding out.

Yet you have breathed your Spirit into my spirit;
You have formed my mind to seek you;
You have turned my heart to love you;
You have made me restless for the rest that can be found in you;
You have planted within me a hunger and a thirst that make me long for the eternal satisfaction of heaven.

O Lord, I praise your name because you have imprinted a seal on my inner being, not leaving me to my own poor and petty ways, or to be ruled by my passions and desires, but calling me to be an heir to your eternal kingdom! Bless you, Lord, for knocking on my heart's door and reminding me of your presence. Bless you, Lord, for your hand upon my life and for the sure knowledge that however I may falter and fail, your everlasting arms are always underneath me.

제4일 아침

전능하시고 영원하신 하나님,
주님은 내 눈으로 볼 수 없습니다.
주님은 내 지성으로 이해할 수도 없습니다.
주님의 생각은 내 생각과 다릅니다.
주님의 길은 찾을 수 없습니다.

하지만 주님은 주의 성령을 내 영 속에 불어 넣으셨습니다.
주님은 내 정신을 만드시어 주를 찾게 하셨습니다.
주님은 내 마음을 돌리시어 주를 사랑하게 하셨습니다.
주님은 주 안에서 찾을 수 있는 안식을 누리게 하시려고 나를 쉬지 못하게 하셨습니다.
주님은 내 안에 배고픔과 목마름을 심으시어 천국에서의 영원한 만족을 갈망하게 하셨습니다.

오 주님, 주께서 나의 깊은 내면 위에 주님의 인장을 찍으셔서 나 자신의 부족하고 속이 좁은 삶의 방식에 나를 내버려두시거나 내 열정과 욕망에 지배를 받지 않게 하시고, 주의 영원한 나라의 상속자로 나를 부르셨습니다! 이로 인해 나는 주님의 이름을 찬양합니다. 주께서 내 마음의 문을 두드리시어 주님의 임재를 상기시켜 주시니 주님을 송축합니다. 주께서 주님의 손으로 내 생명을 보호해주시니, 그리고 내가 아무리 비틀거리고 실패해도 주의 영원하신 팔이 항상 나를 떠받치고 있다는 것을 확실히 알게 해주시니, 주님을 송축합니다.

O Lord, you alone know what lies before me today; grant that in every hour I may stay close to you. Let me be in the world, but not of it. Let me use this world without abusing it. If I buy, let me be as though I have nothing. If I have nothing, let me be as though I have everything. Do not let me embark on anything today that is not in line with your will for my life, nor shrink from any sacrifice that your will demands. Suggest, direct, and guide every movement of my mind; for my Lord Jesus Christ's sake. Amen.

● *A Diary of Private Prayer*

오 주님, 오늘 내 앞에 무슨 일이 일어날지 오직 주만이 아십니다. 이 하루 매시간 마다 내가 주님 곁에 가까이 있게 하옵소서. 내가 세상에 있지만 세상에 속하지 않게 하옵소서. 이 세상의 것을 사용하지만 남용하지 말게 하옵소서. 물건을 사더라도 아무것도 가지지 않은 것처럼 살게 하옵소서. 아무 것도 가진 것이 없더라도 모든 것을 가진 것처럼 살게 하옵소서. 오늘 내 인생을 위한 주님의 뜻에 부합하지 않는 일이라면 그 어떤 일도 시작하지 않게 하시고, 주님의 뜻이 요구하는 일이라면 그 어떤 희생이 있어도 피하지 않게 하옵소서. 오늘 내가 생각을 할 때마다 가르치시고 지도하시며 인도하여 주옵소서. 나의 주 예수 그리스도 이름으로 기도합니다. 아멘.

FOURTH DAY   EVENING

O LORD, all human hearts lie revealed and open before you. Forbid that I should seek to hide from you anything that I have done or thought or imagined today. All these things that are hidden from others, let me now openly acknowledge in your presence. Let no false shame keep me from confessing the wrongs that proper shame should have kept me from committing.

O Lord, whose tender mercies cover us all, humbly and sorrowfully I crave your forgiveness for the sins of this day:

For every weakening and degrading thought that I have allowed to dwell in my mind;
For every hasty and thoughtless word;
For every failure of self-control;
For every stumbling block I have put in someone else's way, whether by wrongdoing or bad example;
For every lost opportunity;
[For every blessing thanklessly received;]
For lazy feet and a procrastinating will;
For ___;

제4일 저녁

　오 하나님, 모든 인간의 마음은 주님 앞에서 다 드러나고 숨길 수 없습니다. 오늘 내가 행하거나 생각하거나 상상했던 그 어떤 것도 주께 숨기려고 하는 마음을 막아 주옵소서. 다른 사람에게는 숨겨져 있는 이 모든 일도 이제 내가 주 앞에서는 솔직히 인정하게 하옵소서. 나에게 올바른 수치심이 있었다면 내가 범하지 못하도록 마땅히 막아주었을 죄를 생각합니다. 그런데 이러한 죄를 내가 고백하지 못하도록 거짓 수치심이 나를 좌우하지 못하게 하옵소서.

　오 주님, 주의 다정한 자비하심이 우리 모두를 덮고 있습니다. 겸손하고 슬픈 마음으로 간구하오니 오늘 내가 지은 이러한 죄들을 용서하여 주옵소서.

　내 마음에 생기도록 내버려두었던 약하게 만들고 품위를 떨어뜨리는 모든 생각을,
성급하고 경솔하게 내뱉었던 나의 모든 말을,
자제하지 못한 모든 경우를,
내가, 잘못된 행동으로든 나쁜 본보기로든, 다른 사람의 길에 걸림돌이 된 모든 상황을,
내가 놓쳐버린 모든 기회를,
[복을 받았지만 감사하지 않은 모든 경우를,]
나의 게으른 발걸음과 해야 할 일을 질질 끄는 의지를,
―― 한 죄를,

And ___;

And ___.

Grant that as the days go by, your Spirit may more and more rule in my heart, giving me victory over these and other sinful ways.

Into your loving care [O holy Father,] I commit all those who are dear to me, especially ___ and ___. Bless all those with whom I live and work and worship. Grant them a satisfying sense of your reality and power. Be with all those who are in danger or distress tonight. Be in every sore heart, every grief-stricken or broken home, and beside every sickbed giving to all the blessing of your peace. Amen.

● *A Diary of Private Prayer*

그리고 __ 한 죄를,
그리고 __ 한 죄를 용서하여 주옵소서.

하루하루가 지나갈수록 주의 성령이 더욱더 내 마음을 다스리심으로 이러한 죄들과 다른 죄의 길들에 대해 승리하게 하옵소서.

[오 거룩하신 아버지,] 이제 내가 사랑하는 모든 사람들, 특별히 __ 와 __ 를 주님의 사랑의 돌보심에 맡깁니다. 내가 함께 살고 일하고 예배드리는 모든 사람들에게 복을 내려 주옵소서. 그들이 주님의 실재와 능력에 대한 만족감을 갖게 하옵소서. 오늘밤 위험이나 고통 속에 있는 모든 이들과 함께 하여 주옵소서. 마음이 아픈 모든 이들과 슬픔에 잠긴 모든 가정이나 깨어진 모든 가정과 함께 하시고, 또한 병상에 있는 모든 이들 곁에도 함께 하셔서 그들 모두에게 주님의 평안의 복을 내려 주옵소서. 아멘.

FIFTH DAY   MORNING

GOD of my ancestors, I cry out to you. You have been the refuge of good and wise people in every generation. When history began you were the first to enlighten the minds of men and women, and your Spirit was the first to lead them to realize their full humanity. Throughout the ages you have been the Lord and giver of life, the source of all knowledge, and the fountain of all goodness.

> The patriarchs, like Abraham, trusted you and were not put to shame;
> The prophets, like Isaiah, sought you and you put your words on their lips;
> The psalmists, like David, rejoiced in you and you were present in their songs;
> The apostles, like Peter, waited for you and were filled with your Holy Spirit;
> The martyrs, like Stephen, called upon you and you were with them in the flames;
> "This poor soul called, and was heard by the Lord, and was saved from every trouble".

O God, you have always been there, you are with us now, and you endure forever; I thank you for this well-worn Christian path, a

제5일 아침

나의 조상들의 하나님, 내가 주께 부르짖습니다. 주님은 모든 세대에 걸쳐 선하고 지혜로운 사람들의 피난처가 되셨습니다. 역사가 시작되었을 때 주님은 남녀를 막론하고 인간의 정신을 처음으로 깨우치셨습니다. 그리고 주님의 영은 처음으로 그들을 인도하여 완전히 인간다운 인간으로 만드셨습니다. 모든 시대를 통하여 주님은 생명의 주이자 부여자이시며 모든 지식의 근원이시며 모든 선의 원천이셨습니다.

아브라함 같은 족장들이 주님을 신뢰하니 수치를 당하지 않았습니다.
이사야 같은 예언자들이 주님을 찾으니 주께서는 그들의 입술에 주님의 말씀을 맡기셨습니다.
다윗 같은 시편 시인들이 주님을 기뻐하니 주께서는 그들의 노래에 함께 계셨습니다.
베드로 같은 사도들이 주님을 기다리니 주의 성령으로 충만하게 되었습니다.
스데반 같은 순교자들이 주님을 부르니 주께서는 불길 가운데서도 그들과 함께 계셨습니다.
"이 곤고한 자가 부르짖으매 여호와께서 들으시고 그의 모든 환난에서 구원하셨도다." (시편 34:6)

오 하나님, 주님은 언제나 전에도 계셨고 지금도 우리와 함께 계시며 또 영원히 계실 것입니다. 내가 걷는 이 그리스도인의 길이 이미 수많은 신자들

road beaten hard by the footsteps of saints, apostles, prophets, and martyrs. Thank you for the signposts and warning signals which are there at every corner and which I can understand through the study of the Bible, and history, and all the great literature of the world. Above all, I give you sincere and humble thanks for the great gift of Jesus Christ, the pioneer of our faith. I praise you that I have been born in an age and a land that have known his name, and that I am not called to face any temptation or trial which he did not first endure.

Holy Lord, help me to profit from these great memories of the ages gone by, and help me to enter into the glorious inheritance which you have prepared for me; through Jesus Christ my Lord. Amen.

● *A Diary of Private Prayer*

이 다녀본 길이며 성인들과 사도들과 예언자들과 순교자들의 발자국으로 견고히 다져진 길임을 알고 주님께 감사드립니다. 이 길의 모퉁이마다 표지판과 위험경고신호가 있다는 것에 대해서, 그리고 이 사실을 내가 성경과 역사 및 세계의 모든 위대한 문학에 대한 연구를 통해 이해할 수 있게 되어서 주님께 감사드립니다. 무엇보다도, 우리 믿음의 선구자이신 예수 그리스도를 위대한 선물로 주셔서 진심어린 겸손한 마음으로 주님께 감사드립니다. 내가 그의 이름을 전부터 알고 있는 이 시대와 이 땅에서 태어난 것으로 인하여, 또한 그가 먼저 견디어내지 않으신 그 어떤 시험이나 시련도 내가 당하지 않게 하신 것으로 인하여 주님을 찬양합니다.

거룩하신 주여, 내가 지나간 시대들을 훌륭하게 기억하여 교훈을 얻도록 도와주옵소서. 또한 주님이 나를 위해 예비하신 영광스러운 유산을 상속받도록 도와주옵소서. 나의 주 예수 그리스도의 이름으로 기도합니다. 아멘.

FIFTH DAY   EVENING

ALMIGHTY God, in this hour of quiet I seek communion with you. I want to turn away from the worry and fever of today's work, from the world's jarring noises, from the praise and blame of other people, from the confused thoughts and fantasies of my own heart, and instead seek the quietness of your presence. All day long I have been working and striving, but now in stillness of heart and in the clear light of your eternity, I want to think about the pattern my life has been weaving.

May there fall on me now, O God, a great sense of your power and your glory, so that I may see all earthly things as they really are.

Help me to know more deeply that with you one day is like a thousand years and a thousand years are like one day.

Give me now such a clear understanding of your perfect holiness that I may no longer be full of pride in my own achievements.

Give me now such a clear vision of your uncreated beauty that I may never be satisfied with anything less.

> "Though earth and man were gone,
> And suns and universes cease to be,
> And Thou wert left alone,

제5일 저녁

    전능하신 하나님, 이 고요한 시간에 나는 주님과의 교제를 구합니다. 오늘 하루 일의 염려와 흥분으로부터 돌아서서, 세상의 거슬리는 소음으로부터 마음을 돌려서, 다른 사람들의 칭찬과 비난을 떠나서, 내 마음의 혼란한 생각과 공상을 뒤로 하고, 그 대신 주님과 함께 있는 고요함을 구합니다. 하루 종일 나는 일하고 노력했습니다. 그러나 지금은 고요한 마음으로 그리고 환하게 비춰는 주님의 영원의 빛 안에서 지금껏 엮어져온 내 삶의 모습을 생각하기 원합니다.

    오 하나님, 지금 나에게 주님의 능력과 주님의 영광을 깨닫는 위대한 감각을 부어 주심으로 땅 위의 모든 일들을 정말 있는 그대로 보게 하옵소서.
주께서는 하루가 천년 같고 천년이 하루 같다는 사실을 더욱 깊이 알게 도와주옵소서.
이제 주님의 완전한 거룩함을 분명히 이해할 수 있게 하셔서 내가 더 이상 나 자신이 성취한 일들에 대한 자랑에 몰두하지 않게 하옵소서.
이제 주님의 창조되지 않은 스스로 존재하는 아름다움을 분명히 보게 하셔서 내가 그보다 덜 아름다운 그 어떤 것에도 결코 만족하지 않게 하옵소서.

    "지구와 인간이 사라져도,
    그리고 태양과 우주가 존재하길 멈추어도,
    그리고 당신만이 홀로 남으신다고 해도,

Every existence would exist in Thee."[2]

Dear Father, I am content to leave my life in your hands, knowing that you have counted every hair of my head. I am content to give over my will to yours, believing I can find in you a righteousness, an integrity, that I could never have obtained on my own. I am content to leave all my loved ones in your care, believing that your love for them is greater than mine. I am content to leave in your hands the causes of truth and justice and the coming of your kingdom, believing that my passion for them is just a feeble shadow of your steady purpose.

To you, O God, be glory forever. Amen.

● *A Diary of Private Prayer*

존재하는 모든 것은 당신 안에 존재할 것입니다."[2]

사랑하는 아버지, 나는 주께서 내 모든 머리카락까지도 세신다는 것을 알기에 기꺼이 내 삶을 주님의 손에 맡깁니다. 내 힘으로는 결코 얻을 수 없던 의와 온전함을 주 안에서는 찾을 수 있다는 것을 믿기에 기꺼이 내 뜻을 주님의 뜻에 맡깁니다. 내가 사랑하는 모든 이들에 대한 주님의 사랑이 그들에 대한 나의 사랑보다 더 크다는 것을 믿기에 기꺼이 그들을 주님의 돌보심에 맡깁니다. 진리와 정의라는 대의와 주의 나라가 도래한다는 것에 대한 나의 열정이 단지 주님의 확고한 목적의 희미한 그림자에 지나지 않는다는 것을 믿기에 나는 기꺼이 그것들을 주님의 손에 맡깁니다.
오 하나님, 주께 영광이 영원히 있기를 원합니다. 아멘.

SIXTH DAY MORNING

O GOD, you have proved your love for all people by sending us Jesus Christ our Lord, and you have illuminated our human life with the radiance of his presence. Thank you for this, your greatest gift.

Thank you, God—

For every day my Lord spent on this earth;
For the record of his deeds of love;
For the words he spoke for my guidance and help;
For his obedience, even to death;
For his triumph over death;
For the presence of his Spirit with me now.

Help me, Lord, to remember the blessed life that was once lived out on this common earth, under these ordinary skies. May I take this memory into each task and duty of today.

Help me to remember—

His eagerness to help others, rather than be helped;
His sympathy with suffering of every kind;
His bravery in the face of his own suffering;

제6일   아침

　　오 하나님, 주님은 우리 주 예수 그리스도를 우리에게 보내심으로 모든 사람을 위한 주님의 사랑을 증명하셨습니다. 또 주님은 그의 빛나는 임재를 통하여 우리 인간의 삶을 비추어 주셨습니다. 주님의 이 가장 위대한 선물로 인하여 감사드립니다.
　　하나님, 감사합니다.

　　나의 주님이 지상에서 보내신 날들로 인하여,
　　그가 베푸신 사랑의 행위들에 대한 기록으로 인하여,
　　나를 인도하고 돕기 위해 그가 전하신 말씀들로 인하여,
　　그가 죽기까지 순종하신 것으로 인하여,
　　죽음을 이기신 그의 승리로 인하여,
　　지금 나와 함께 임재하시는 그의 영으로 인하여,
　　하나님께 감사드립니다.

　　주님, 늘 보는 이 땅 위에서, 여느 때와 같은 하늘 아래에서 한 때 사셨던 예수님의 복되신 삶을 내가 기억하게 도와주옵소서. 오늘 맡은 모든 일과 의무를 행할 때 그 분을 기억하게 하옵소서.
　　내가 예수님의 이런 모습들을 기억하게 도와주옵소서.

　　도움을 받기보다 다른 사람들을 도우려고 하신 그 분의 열심을,
　　온갖 종류의 고통에 대한 그분의 연민을,
　　자신의 고통 앞에서 보여주신 그분의 용기를,

His gentleness toward others, so that when he was abused he did not retaliate;
His steadiness of purpose in keeping to his appointed task;
His simplicity;
His self-discipline;
His serenity of spirit;
His complete reliance upon you, his Father in heaven.

In each of these ways give me grace to follow in his footsteps.

Almighty God, Father of our Lord Jesus Christ, I commit all my ways to you. I entrust my soul into your hands. I pledge my life to your service. May this day be for me a day of obedience and love, a day of happiness and peace. May all I do and say be worthy of Christ and his gospel. Amen.

● *A Diary of Private Prayer*

자기를 모욕하는 자에게 보복하지 않으신, 다른 사람들을 향한 그분의
온유하심을,
정해진 자기 사명을 감당하심으로 드러난 그분의 확고한 목적을,
그분의 단순한 삶을,
그분의 자기 단련을,
그 분의 침착한 정신을,
하늘에 계신 아버지인 주님께 대한 그분의 완전한 신뢰를
기억하게 도와주옵소서.

내가 이런 모든 점에서 예수님의 발자취를 따라가는 은혜를 나에게 주옵소서.
전능하신 하나님, 우리 주 예수 그리스도의 아버지시여, 나의 모든 길을 주님께 위탁합니다. 내 영혼을 주님의 손에 맡깁니다. 주님을 섬기기로 내 생명을 걸고 서약합니다. 오늘 하루가 나에게 순종과 사랑의 날이 되게 하시고, 행복과 평안의 날이 되게 하옵소서. 내가 행하고 말하는 모든 것이 그리스도와 그의 복음에 합당하게 하옵소서. 아멘.

SIXTH DAY   EVENING

O LORD, you are the only origin of all that is good and fair and true; to you I lift up my soul.

> O God, send your Spirit now to enter my heart.
>> Now as I pray this prayer, do not let any room within me be secretly closed to keep you out.
>
> O God, give me the power to pursue only what is good.
>> Now as I pray this prayer, banish any evil purpose or plan that lurks in my heart waiting for an opportunity to be fulfilled.
>
> O God, bless all my plans and work, and help them to prosper.
>> Now as I pray this prayer, do not let me hold on to any plan that I dare not ask you to bless.
>
> O God, give me purity of heart, mind, and body.
>> Now as I pray this prayer, do not let me say to myself secretly, "But not yet" or "But not too much."[3)]
>
> O God, bless every member of this household.
>> Now as I pray this prayer, do not let me harbor in my heart any jealousy, bitterness, or anger toward any of them.
>
> O God, bless my enemies and all those who have done me wrong.
>> Now as I pray this prayer, do not let me cherish in my heart

제6일 저녁

오 하나님, 주님은 모든 선과 미와 진리의 유일한 근원이십니다. 내가 주님께 내 영혼을 높이 올려 드립니다.

오 하나님, 이제 주의 영을 보내시어 내 마음 속에 들어오게 하옵소서.
  이 기도를 드리는 지금, 내 안에 주께서 들어오시지 못하도록 은밀하게 닫힌 공간이 하나도 없게 하옵소서.
오 하나님, 나에게 오직 선만을 추구하는 능력을 주옵소서.
  이 기도를 드리는 지금, 내 마음 속에서 성취될 기회를 엿보고 도사리고 있는 어떠한 악한 목적이나 계획도 없애 주옵소서.
오 하나님, 내 모든 계획과 일에 복을 주셔서 잘 되게 도와주옵소서.
  이 기도를 드리는 지금, 감히 주님의 복을 구하지 못할 어떠한 계획에도 집착하지 않게 하옵소서.
오 하나님, 나에게 마음과 정신과 몸의 순결을 주옵소서.
  이 기도를 드리는 지금, 은밀하게 나 자신에게 "그러나 아직은 아니야" 혹은 "그러나 너무 많이도 안돼"[3] 라고 속삭이지 않게 하옵소서.
오 하나님, 우리 가족 모두에게 복을 내려 주옵소서.
  이 기도를 드리는 지금, 가족 누구에게도 질투나 원망이나 분노를 내 마음에 품지 않게 하옵소서.
오 하나님, 나의 원수들과 내게 나쁜 짓을 한 모든 사람들에게 복을 내려 주옵소서.
  이 기도를 드리는 지금, 내게 기회가 오자마자 그들에게 복수하겠

the intention to pay them back as soon as I get an opportunity.

O God, let your Kingdom come on earth.

Now as I pray this prayer, do not let me still intend in my heart to devote my best hours and years to the service of lesser goals.

O Holy Spirit of God, as I finish this time of prayer, do not let me return to evil thoughts and the ways of the world, but let the same mind be in me that was in Christ Jesus. Amen.

● *A Diary of Private Prayer*

다는 의지를 행여라도 내 마음에 품지 않게 하옵소서.

오 하나님, 주의 나라가 이 땅 위에 오게 하옵소서.
이 기도를 드리는 지금, 내가 주의 나라보다 덜 중요한 목표들을 이루는 데 여전히 나의 최고의 시간들과 세월을 보낼 작정을 하지 않게 하옵소서.

오 하나님의 거룩한 영이시여, 내가 이 기도 시간을 마친 후에 다시 악한 생각과 세상의 길로 되돌아가지 않게 하시고 그리스도 예수께서 하셨던 생각과 같은 생각을 하게 하옵소서. 아멘.

SEVENTH DAY   MORNING

O LORD and Maker of all things, whose creative power made the first ray of light, and who looked on the world's first morning and saw that it was good, I praise you for this light that now streams through my windows to waken me to the life of another day.

I praise you for the life that stirs within me;
I praise you for the bright and beautiful world around me;
I praise you for the earth and sea and sky, for the hurrying clouds and singing birds;
I praise you for the work that you have given me to do; for all you have given me to fill my hours of leisure;
I praise you for my friends;
I praise you for music and books and good company and all harmless and delightful pleasures.

O Lord, you yourself are everlasting Mercy; give me a tender heart today toward all those who in this morning light are less joyful than I am.

Those in whom the pulse of life grows weak;
Those who are unable to get out of bed to enjoy the sunshine;

제7일　아침

　　오 만물의 창조자이신 하나님, 주께서 그 창조의 능력으로 찬란한 빛을 처음으로 만드셨으며 이 세상의 첫 아침을 바라보시고 보기에 좋다고 여기셨습니다. 지금 창문을 통해 비쳐 들어오는 이 빛으로 인하여, 그래서 내가 깨어나 또 다른 하루의 삶을 시작하게 하셔서 주님을 찬양합니다.

　　내 안에 약동하는 생명을 주신 주님을 찬양합니다.
　　내 주위에 밝고 아름다운 세상을 주신 주님을 찬양합니다.
　　땅과 바다와 하늘을 주시고 또 빨리 떠가는 구름과 노래하는 새들을 주신 주님을 찬양합니다.
　　나에게 할 일을 주시고 또 내 여가 시간을 채우도록 모든 것을 주신 주님을 찬양합니다.
　　내 친구들을 주신 주님을 찬양합니다.
　　음악과 책, 좋은 모임과 건전하고 즐거운 모든 오락을 주신 주님을 찬양합니다.

　　오 주님, 주께서는 영원한 자비 그 자체이십니다. 오늘 아침 햇빛을 보면서 내가 느끼는 기쁨만큼의 기쁨을 누리지 못하는 모든 사람들을 향해 포근한 마음을 갖게 하옵소서.

　　생명의 맥박이 점점 약해져 가는 사람들,
　　침상에서 나오지 못해 햇볕을 즐길 수 없는 사람들,

The blind, who are shut off from the light of day;
The overworked, who have no joy of leisure;
The unemployed, who have no joy of labor;
The bereaved, whose hearts and homes are desolate;
Have mercy on them all.

O Light that never fades, as the light of day now streams through these windows and floods this room, so let me open to you the windows of my heart, that all my life may be filled with the radiance of your presence. Do not let any corner of my being be left in darkness, but illuminate every part of me by the light of your face. Do not leave anything within me that could darken the brightness of the day. Let the Spirit of Jesus, whose life was the light of all people, rule within my heart until evening. Amen.

● *A Diary of Private Prayer*

햇빛을 볼 수 없는 시각장애인들,
과로해서 여가의 기쁨이 없는 사람들,
실업자가 되어 노동의 기쁨이 없는 사람들,
사랑하는 이들을 잃고 그 마음과 가정이 쓸쓸한 사람들,
이들 모두에게 자비를 베풀어 주옵소서.

오 결코 희미해지지 않는 빛이 되신 하나님, 지금 하루를 여는 햇빛이 창문을 통해 밀려들어와 방안에 가득히 비치는 것처럼, 내 마음의 창문을 주님을 향해 활짝 열어서 내 모든 삶이 주의 임재의 광채로 가득 차게 하옵소서. 그리하여 내 존재의 어떤 구석도 어둠 속에 남아있지 않게 하시고, 주님의 얼굴빛으로 내 모든 부분을 비추어 주옵소서. 이 날의 광명을 어둡게 할 수 있는 것이 내 안에 하나도 없게 하옵소서. 예수님의 삶은 모든 사람의 빛이셨습니다. 이 예수의 영이 오늘 저녁 때 까지 내 마음을 다스려 주옵소서. 아멘.

SEVENTH DAY   EVENING

O ETERNAL Being, you live in everlasting light; now as the world's light fades, I seek the brightness of your presence.

You never get weary; now as my limbs grow heavy and my spirit begins to flag, I commit myself to you.

You never sleep; now as I lie down to sleep, I cast myself into your care.

You keep watch eternally; now when I lie helpless, I rely on your love.

Before I sleep, O God, I look back over today in the light of your eternity.

I remember with bitterness the duties I have avoided;
I remember with sorrow the hard words I have spoken;
I remember with shame the unworthy thoughts I have held in my mind.
Use these memories, O God, to save me, and then blot them out forever.
I remember with joy the beauties of the world today;
I remember with sweetness the kindness of others which I have seen today;
I remember with thankfulness the work you have enabled me to do today and the truth you have enabled me to learn.

제7일　저녁

　오 영원한 존재이신 하나님, 주님은 영원한 빛 가운데 거하십니다. 이제 세상의 빛이 희미해지오니, 나는 주의 임재의 밝은 빛을 구합니다.
　주님은 결코 지치시는 법이 없습니다. 이제 내 팔다리가 노곤해지고 내 영이 지쳐 시들해지기 시작하오니, 나 자신을 주께 맡깁니다.
　주님은 결코 주무시는 법이 없습니다. 이제 내가 잠자리에 들고자 하오니, 나 자신을 주의 돌보시는 품에 의탁합니다.
　주님은 나를 영원히 지켜 주십니다. 이제 내가 무력하게 누워 있사오니, 주의 사랑을 의지합니다.
　오 하나님, 내가 잠들기 전에 주님의 영원한 빛에 비추어 오늘 한 일들을 되돌아봅니다.

　내가 회피한 의무들을 쓰라린 마음으로 기억합니다.
　내가 했던 심한 말들을 슬픈 마음으로 기억합니다.
　내가 마음 속에 품었던 쓸데없는 생각들을 부끄러운 마음으로 기억합니다.
　오 하나님, 이러한 기억들에서 나를 구원하시고, 그 기억들을 영원히 지워 주옵소서.
　오늘 내가 만난 세상의 아름다움을 기쁜 마음으로 기억합니다.
　오늘 내가 본 다른 사람들의 친절을 상쾌한 마음으로 기억합니다.
　오늘 내가 주님의 은혜로 할 수 있었던 일과 배울 수 있었던 진리를 감사한 마음으로 기억합니다.

Use these memories, O God, to humble me, and then let them live forever in my soul.

Before I sleep, let me spend this moment rejoicing in the love and friendships with which you have blessed my life. I rejoice in the dear memory of ___ and ___ ; knowing that though they have passed into the mystery beyond death, they have not passed beyond your love and care. I rejoice in my continued friendship with ___ and ___ ; I entrust them, along with myself, into your care through the hours of darkness. O Father, have compassion on all those who have nowhere to sleep, and those who, though lying down, cannot sleep for pain or anxiety. In the name of our Lord Jesus. Amen.

● *A Diary of Private Prayer*

오 하나님, 이러한 기억들을 통하여 나를 겸손하게 하시고, 그 기억들이 내 영혼 속에 영원히 생생히 남아있게 하옵소서.

내가 잠들기 전에 주님이 내 삶에 복 내려 주신 사랑과 우정을 기억하며 잠시 동안 기뻐하고자 합니다. 나는 ___ 와 ___ 를 사랑하는 마음으로 기억하고 기뻐합니다. 비록 그들이 죽음 너머 저 신비의 세상으로 갔지만, 주님의 사랑과 돌보심 너머로는 가지 않았음을 알기에 기뻐합니다. 또한 ___ 와 ___ 와의 계속되는 우정을 기뻐합니다. 이 밤에 잠자는 어둠의 시간 내내 그들을 나 자신과 함께 주님의 돌보심에 맡깁니다. 오 아버지, 오늘밤 잠잘 곳이 없는 모든 이들과, 잠자리에 누웠지만 고통이나 불안으로 잠 못 이루는 이들을 불쌍히 여겨 주옵소서. 우리 주 예수님의 이름으로 기도합니다. 아멘.

EIGHTH DAY MORNING

O God, who in love and pity sent us Jesus Christ to be the Light in our darkness, give me wisdom to profit from the words he spoke, and grace to follow in his footsteps.

Jesus said: "Whenever you stand praying, forgive, if you have anything against anyone; so that your Father in heaven may also forgive you your trespasses."
O God, give me the grace to do this now.
Jesus said: "It is more blessed to give than to receive."
O God, give me grace today not to think of what I can get, but of what I can give.
Jesus said: "When you give alms, do not let your left hand know what your right hand is doing."
O God, grant that what I give may be given without self-satisfaction and without thought of praise or reward.
Jesus said: "Enter through the narrow gate."
O God, give me grace today to keep to the narrow path of duty and honest dealing.
Jesus said: "Do not judge."
O God, give me grace today to take the plank out of my own eye before I look at the speck in my brother's or sister's eye.

제8일 아침

오 하나님, 주님은 사랑과 긍휼로 예수 그리스도를 우리에게 보내주셔서 우리의 어둠 가운데 빛이 되게 하셨습니다. 나에게 지혜를 주셔서 그가 하신 말씀이 유익하게 되도록 하시고, 나에게 은혜를 베푸셔서 그가 걸어가신 발자취를 따라가게 하옵소서.

예수께서 말씀하셨습니다: "서서 기도할 때에 아무에게나 혐의가 있거든 용서하라. 그리하여야 하늘에 계신 너희 아버지께서도 너희 허물을 사하여 주시리라." (마가복음 11:25)
오 하나님, 나에게 은혜를 주시어 지금 그렇게 하게 하옵소서.
예수께서 말씀하셨습니다: "주는 것이 받는 것보다 복이 있다." (사도행전 20:35)
오 하나님, 오늘 나에게 은혜를 주시어 내가 무엇을 얻을 수 있을까를 생각하지 말고 무엇을 줄 수 있을까를 생각하게 하옵소서.
예수께서 말씀하셨습니다: "너는 구제할 때에 오른손이 하는 것을 왼손이 모르게 하여라." (마태복음 6:3)
오 하나님, 내가 남에게 줄 때에는 자기만족을 하지 않고, 또 남에게 칭찬이나 보상을 바라지 않고 하게 하옵소서.
예수께서 말씀하셨습니다: "좁은 문으로 들어가라." (마태복음 7:13)
오 하나님, 오늘 나에게 은혜를 주시어 의무와 정직한 행동이라는 좁은 길을 계속 가게 하옵소서.
예수께서 말씀하셨습니다: "비판하지 말라." (마태복음 7:1)
오 하나님, 오늘 나에게 은혜를 주시어 내가 형제나 자매의 눈 속에 있

Jesus said: "What good is it for someone to gain the whole world, yet lose their own soul?"

O God, give me grace to live this day in such a way that whatever else I lose, I will not lose my soul, my very life in you.

Jesus said: "Then this is how you should pray [and this, Lord, is how I pray]: Our Father in heaven, hallowed be your name. Your kingdom come, your will be done, on earth as it is in heaven. Give us today our daily bread. Forgive us our sins, as we forgive those who sin against us. And do not lead us into temptation, but deliver us from evil. For yours is the kingdom, the power, and the glory, for ever and ever. Amen."

- *A Diary of Private Prayer*

는 티를 보기 전에 먼저 나 자신의 눈 속에서 들보를 빼게 하옵소서.
예수께서 말씀하셨습니다: "사람이 만일 온 천하를 얻고도 제 목숨을 잃으면 무엇이 유익하리요?" (마태복음 16:26)
오 하나님, 나에게 은혜를 주시어 내가 그 무엇이든 잃어버려도 내 영혼 곧 주님 안에 있는 바로 내 생명은 잃어버리지 않고 오늘을 살아가게 하옵소서.

예수께서 말씀하셨습니다: "그러므로 너희는 이렇게 기도하라 [그래서 주님, 나는 그렇게 기도합니다]: 하늘에 계신 우리 아버지, 아버지의 이름을 거룩하게 하시며 아버지의 나라가 오게 하시며, 아버지의 뜻이 하늘에서와 같이 땅에서도 이루어지게 하소서. 오늘 우리에게 일용할 양식을 주시고, 우리가 우리에게 잘못한 사람을 용서하여 준 것 같이, 우리 죄를 용서하여 주시고, 우리를 시험에 빠지지 않게 하시고, 악에서 구하소서. 나라와 권능과 영광이 영원히 아버지의 것입니다. 아멘." (마태복음 6:9-13)

EIGHTH DAY   EVENING

O GOD, the Father of all humankind, I bring before you tonight the burden of the world's life. I join with the scattered multitudes who are crying out to you in their desperation. Hear us, O God, and look with compassion at our many needs, since you alone are able to satisfy all our desire.

I especially commit to you:

All who are far from their family and friends tonight;
All who must lie down hungry or cold;
All who suffer pain;
All who are kept awake by anxiety;
All who are facing danger;
All who must work or keep watch while others sleep.

I ask you to give them all such a sense of your presence that their loneliness may turn to comfort and their trouble to peace.

O most loving God, you showed your love to us in Jesus your

제8일　저녁

오 모든 인류의 아버지가 되시는 하나님, 나는 오늘밤 이 세상 인생살이의 무거운 짐을 주님 앞에 내려놓습니다. 온 세상에 흩어져 있는 수많은 무리가 지금 절망 상태에서 주님께 부르짖고 있습니다. 나도 그들과 함께 기도합니다. 오 하나님, 우리의 기도를 들으시고 우리에게 필요한 것이 많이 있음을 긍휼히 보시옵소서. 오직 주님만이 우리의 모든 소원을 만족시킬 수 있습니다.

특별히 이런 모든 사람들을 주님께 맡깁니다.

오늘밤 가족과 친구들로부터 멀리 떨어져 있는 모든 이들,
배고프거나 추운 상태에서 잠자리에 누워야 하는 모든 이들,
아픔으로 고통 받고 있는 모든 이들,
불안으로 잠 못 이루는 모든 이들,
위험에 처한 모든 이들,
다른 사람들이 자고 있는 중에도 일하거나 깨어서 지켜야 하는 모든 이들, 이런 모든 사람들을 보살펴 주옵소서.

주여, 이제 기도하오니 이들 모두가 주님이 함께하시는 것을 분명히 느끼도록 하셔서 그들의 외로움이 위로로, 그들의 괴로움이 평안으로 바꾸어지게 하옵소서.

오 사랑이 풍성하신 하나님, 주님은 예수께서 온갖 고통과 질병을 제거

Son, by relieving all kinds of suffering and disease. Grant your blessing on all who are serving others in Christ's name throughout the world:

> All ministers of the gospel of Christ;
> All social workers;
> All doctors and nurses who faithfully tend the sick;
> All who work for your mission in every land.

Through them accomplish your great purpose of goodwill to all people, and grant them in their own hearts the joy of Christ's very real presence.

Grant to me also, O gracious Father, the joy of a life surrendered to Christ's service and the peace of forgiveness granted through the power of his cross. Amen.

● *A Diary of Private Prayer*

해주심으로 주의 아들 예수 안에서 우리에 대한 주님의 사랑을 보여주셨습니다. 이 세상 구석구석에서 그리스도의 이름으로 남을 섬기는 모든 이들에게 주님의 복을 베풀어 주옵소서.

그리스도의 복음을 전하는 모든 성직자들에게,
모든 사회 복지사들에게,
충실하게 환자들을 돌보는 모든 의사들과 간호사들에게,
해외의 모든 선교사들에게,
주님의 복을 베풀어 주옵소서.

그들을 통해서 모든 인간을 향한 선한 뜻에 기초한 주님의 위대한 목적이 이루어지게 하시고, 또한 그리스도의 아주 실감나는 임재에서 오는 기쁨을 그들 자신의 마음에 누리게 하옵소서.

오 은혜로우신 아버지, 나 역시 그리스도를 섬기기 위해 순종하는 삶의 기쁨을 누리게 하시고 그리스도의 십자가의 능력으로 주시는 죄를 용서받은 평안을 누리게 하옵소서. 아멘.

NINTH DAY   MORNING

HERE I am, O God, humbly yours, lifting up my heart to you, before whom all created things are as dust and mist. You are hidden behind the curtain of our limited sight and hearing, incomprehensible in your greatness, mysterious in your almighty power; yet here am I, speaking to you with the familiarity of a child to a parent, a friend to a friend. If I could not speak to you like this, then I would indeed be without hope in the world.

I have little power to do or control anything; it is not by my will that I am here or will one day pass away. Of all that will come to me today, very little will have been what I have chosen for myself.

It is you, O hidden One, who has given me my heritage, and you determined the place of my birth. It is you who have given me the power to do one kind of work and have withheld the skill to do another. It is you who hold in your hand the threads of this day's life and you alone who know what lies before me to do or to suffer.

But because you are my Father, I am not afraid. Because it is your Spirit that stirs within my heart's most secret room, I know that all is well. What I desire for myself I cannot achieve; but whatever you desire in me you can help me to achieve. The good that I want to do, I fail to do, but you can give me the power to do good.

제9일   아침

  오 하나님, 보잘 것 없는 존재이지만 주님의 소유물인 내가 여기에 있습니다. 이제 내 마음을 주께 올려드립니다. 주님 앞에서는 모든 피조물이 한갓 먼지와 안개에 지나지 않습니다. 주님은 우리의 제한된 시각과 청각의 커텐 뒤에 숨어 계시오니, 주님의 위대하심은 이해할 수도 없고 주님의 전능하신 힘은 신비하기만 합니다. 하지만 지금 여기서 나는 아이가 부모에게 말하듯, 친구가 친구에게 말하듯, 주님께 스스럼없이 말하고 있습니다. 만일 이렇게 주께 아뢸 수 없다면, 나는 이 세상에서 정녕 아무런 소망도 없을 것입니다.
  내게는 어떤 일을 행하거나 무엇을 통제할 능력이 거의 없습니다. 내가 지금 여기 있는 것도 내 뜻으로 된 것이 아니며 혹은 내가 언젠가 이 세상을 떠나는 것도 내 뜻대로 되지 않습니다. 오늘 나에게 일어날 모든 일 중에서 내가 스스로 선택해서 되는 일은 정말 거의 없을 것입니다.
  오 숨어 계신 하나님, 나에게 믿음의 유산을 주시고 내가 태어날 곳을 결정하신 분은 바로 주님입니다. 나에게 능력을 주셔서 어떤 일은 하게 하시고 다른 일은 하지 못하게 재능을 거두어 가신 분도 바로 주님입니다. 오늘 하루 내 생명 줄을 손에 쥐고 계신 분도 바로 주님이며 내가 앞으로 할 일과 겪을 일이 무엇인지 아시는 분도 오직 주님뿐입니다.
  그러나 주께서 내 아버지이시기에 나는 두렵지 않습니다. 내 마음의 가장 깊은 내면에서 활동하시는 분이 주님의 영이시기에 모든 일이 잘될 것으로 알고 있습니다. 내가 나 자신을 위해 원하는 것은 얻을 수 없지만, 주님이 나를 통해 원하시는 것은 무엇이든 내가 얻도록 주께서 나를 도와주실 수 있습니다. 내가 행하고 싶은 선은 행할 수 없지만, 주님은 나에게 능력을 주셔서 선을 행하게 하실 수 있습니다.

Dear Father, take this day's life into your keeping. Guide all my thoughts and feelings. Direct all my energies. Instruct my mind. Sustain my will. Take my hands and give me the skill to serve you. Take my feet and make them quick to do whatever you ask. Take my eyes and keep them fixed on your everlasting beauty. Take my mouth and give me the words to tell others of your love. Make this day a day obedience, a day of spiritual joy and peace. Make this day's work a little part of the work of the kingdom of my Lord Jesus, in whose name these prayers are said. Amen.

- *A Diary of Private Prayer*

사랑하는 아버지, 이 하루 내 삶을 지켜 주옵소서. 내 모든 생각과 감정을 인도하여 주옵소서. 내 모든 활동력을 지도하여 주옵소서. 내 정신을 교훈하여 주옵소서. 내 의지를 지속시켜 주옵소서. 내 두 손을 사용하시어 주님을 섬기는 데 능숙하게 하옵소서. 내 두 발을 사용하시어 주님이 무엇을 요구하시든 이를 행하는 데 민첩하게 하옵소서. 내 두 눈을 사용하시어 주님의 영원한 아름다움에 시선을 고정시켜 주옵소서. 내 입을 사용하시어 다른 사람들에게 주님의 사랑을 적절한 말로 전하게 하옵소서. 오늘이 순종의 날, 영적 기쁨과 평안의 날이 되게 하옵소서. 이 날 내가 하는 일이 나의 주 예수님 나라의 일에 한 작은 부분이 되게 하옵소서. 예수님의 이름으로 기도합니다. 아멘.

NINTH DAY   EVENING

O MERCIFUL Father, you look on the weaknesses of your human children more in pity than in anger, and more in love than in pity. Help me now in your holy presence to examine the secrets of my heart.

Have I done anything today to fulfill the purpose for which you brought me into the world?
Have I accepted the opportunities of service that in your wisdom you have put before me?
Have I performed the duties of the day without leaving any undone?
> Give me grace to answer honestly, Lord.

Have I done anything today to damage the Christian ideal of true humanity?
Have I been lazy in body or listless in spirit?
Have I overindulged my bodily appetites?
Have I kept my imagination pure and healthy?
Have I been scrupulously honorable in all my dealings?
Have I been transparently sincere in all I have claimed to be, to feel, or to do?
> Give me grace to answer honestly, Lord.

제9일 저녁

오 자비로우신 아버지, 주님은 인간 자녀들의 연약함을 분노보다는 긍휼로 바라보시며 긍휼보다는 사랑으로 바라보십니다. 이제 주의 거룩한 임재 앞에서 내 마음속 비밀들을 내가 살펴보도록 도와주옵소서.

오늘 내가 주께서 나를 이 세상에 보내신 목적을 이루기 위해 그 어떤 일을 했습니까?
주님의 지혜로 내게 주신 섬김의 기회들을 받아들였습니까?
이 날의 의무들을 빠짐없이 완수하였습니까?
　　　주님, 내가 정직하게 대답할 수 있도록 은혜를 주옵소서.

오늘 내가 참된 인간성에 대한 그리스도인의 이상을 손상시키는 그 어떤 일을 했습니까?
몸이 게으르거나 영혼이 무기력하였습니까?
나의 육체적 욕망에 지나치게 탐닉하였습니까?
나의 상상력을 순수하고 건강하게 간직하였습니까?
나의 모든 거래 행위에서 빈틈없이 명예를 지켰습니까?
내가 주장하는 대로 나의 존재, 감정 또는 행위의 모든 면에서 투명할 정도로 성실하였습니까?
　　　주님, 내가 정직하게 대답할 수 있도록 은혜를 주옵소서.

Have I tried today to see myself as others see me?

Have I made more excuses for myself than I have been willing to make for others?

Have I been a peacemaker in my own home, or have I stirred up trouble?

Have I, while professing noble convictions for great causes, failed even in common charity and courtesy toward those nearest to me?

Give me grace to answer honestly, Lord.

Lord, it is only your infinite love, demonstrated to us in Jesus Christ, which has the power to destroy the empire of evil in my heart. Grant that with each day that passes I may more and more be delivered from the sins that keep tempting me. Amen.

• *A Diary of Private Prayer*

오늘 내가 다른 사람들이 나를 보는 것처럼 나 자신을 보려고 노력하였습니까?
다른 사람들을 위해 기꺼이 변명하기보다 나 자신을 위해 더 많이 변명하였습니까?
내 가정에서 평화를 가져오는 사람이었습니까, 아니면 분쟁을 일으키는 사람이었습니까?
위대한 대의를 위해서는 고상한 확신을 말하면서도, 나와 가장 가까이 있는 사람들을 향해서는 평범한 사랑과 호의조차 보여주지 못하였습니까?

　주님, 내가 정직하게 대답할 수 있도록 은혜를 주옵소서.

주님, 예수 그리스도 안에서 우리에게 보여주신 주님의 무한한 사랑만이 내 마음속에 있는 악의 제국을 파멸시킬 힘을 가지고 있습니다. 나를 계속해서 유혹하는 죄악들로부터 날이 지나갈수록 점점 더 구원받게 하옵소서. 아멘.

TENTH DAY   MORNING

"O GOD, you are my God; I seek you, my soul thirsts for you; my flesh faints for you, as in a dry and weary land where there is no water. So I have looked upon you in the sanctuary, beholding your power and glory. Because your steadfast love is better than life, my lips will praise you."

"Seven times a day I praise you for your righteous ordinances. Great peace have those who love your law; nothing can make them stumble."

"How can young people keep their way pure? By guarding it according to your word."

"Make me to know your ways, O Lord; teach me your paths. Lead me in your truth, and teach me, for you are the God of my salvation; for you I wait all day long."

"Set a guard over my mouth, O Lord; keep watch over the door of my lips."

"Keep my steps steady according to your promise, and never let iniquity have dominion over me."

제10일 아침

"하나님이여 주는 나의 하나님이시라. 내가 간절히 주를 찾되 물이 없어 마르고 황폐한 땅에서 내 영혼이 주를 갈망하며 내 육체가 주를 앙모하나이다. 내가 주의 권능과 영광을 보기 위하여 이와 같이 성소에서 주를 바라보았나이다. 주의 인자하심이 생명보다 나으므로 내 입술이 주를 찬양할 것이라." (시편 63:1-3)

"주의 의로운 규례들로 말미암아 내가 하루 일곱 번씩 주를 찬양하나이다. 주의 법을 사랑하는 자에게는 큰 평안이 있으니 그들에게 장애물이 없으리이다." (시편 119:164-165)

"청년이 무엇으로 그의 행실을 깨끗하게 하리이까? 주의 말씀만 지킬 따름이니이다." (시편 119:9)

"여호와여 주의 도를 내게 보이시고 주의 길을 내게 가르치소서. 주의 진리로 나를 지도하시고 교훈하소서. 주는 내 구원의 하나님이시니 내가 종일 주를 기다리나이다." (시편 25:4-5)

"여호와여 내 입에 파수꾼을 세우시고 내 입술의 문을 지키소서." (시편 141:3)

"나의 발걸음을 주의 말씀에 굳게 세우시고 어떤 죄악도 나를 주관하지 못하게 하소서." (시편 119:133)

"O Lord, who may abide in your tent? Who may dwell on your holy hill? Those who walk blamelessly, and do what is right, and speak the truth from their heart; who do not slander with their tongue, and do no evil to their friends, nor take up a reproach against their neighbors; in whose eyes the wicked are despised, but who honor those who fear the Lord; who stand by their oath even to their hurt; who do not lend money at interest, and do not take a bribe against the innocent. Those who do these things shall never be moved."

"Let the words of my mouth and the meditation of my heart be acceptable to you, O Lord, my rock and my redeemer." Amen.

● *A Diary of Private Prayer*

"여호와여 주의 장막에 머무를 자 누구오며 주의 성산에 사는 자 누구오니이까? 정직하게 행하며 공의를 실천하며 그의 마음에 진실을 말하며 그의 혀로 남을 허물하지 아니하고 그의 이웃에게 악을 행하지 아니하며 그의 이웃을 비방하지 아니하며 그의 눈은 망령된 자를 멸시하며 여호와를 두려워하는 자들을 존대하며 그의 마음에 서원한 것은 해로울지라도 변하지 아니하며 이자를 받으려고 돈을 꾸어 주지 아니하며 뇌물을 받고 무죄한 자를 해하지 아니하는 자이니 이런 일을 행하는 자는 영원히 흔들리지 아니하리이다." (시편 15:1-5)

"나의 반석이시요 나의 구속자이신 여호와여 내 입의 말과 마음의 묵상이 주님 앞에 열납되기를 원하나이다." (시편 19:14) 아멘.

TENTH DAY EVENING

ALMIGHTY God, thank you for your love which follows me every day of my life. Thank you that you fill my mind with your divine truth and strengthen my will with your divine grace. Thank you for every indication of your Spirit leading me, and for the things that seem like chance or coincidence at the time, but later appear to me as part of your gracious plan for my spiritual growth. Help me to follow where you lead and never quench this light that you have ignited within me, rather let me grow daily in grace and in the knowledge of Jesus my Lord.

Yet as I seek your presence I do not want to pray only for myself. I bring before you all my human brothers and sisters who need your help. Especially tonight I think of—

> those who are faced with great temptations;
> those who are faced with tasks too difficult for them;
> those who stand in any valley of decision;
> those who are in debt or poverty;
> those who are suffering the consequences of actions which they repented of long ago;
> those who through no fault of their own have had little chance in life;

제10일 저녁

　전능하신 하나님, 내 인생의 날마다 나와 함께하시는 주님의 사랑에 감사드립니다. 내 정신을 하나님의 진리로 채우시고 내 의지를 하나님의 은혜로 튼튼하게 해주셔서 감사드립니다. 주의 영이 나를 인도하신다는 것을 나타내는 모든 증거에 대해서 감사드립니다. 또한 나에게 일어난 일들이 그때는 그저 단순한 우연의 일치처럼 보였지만, 지나고 보니 나의 영적 성장을 위한 주님의 은혜로운 계획의 일부분임을 깨닫게 되어서 감사드립니다. 주님이 인도하시는 곳으로 내가 잘 따라가고 주님이 내 안에 불붙여 밝게 하신 이 빛을 결코 끄지 않게 도와주옵소서. 오히려 날마다 은혜와 나의 주 예수님을 아는 지식으로 자라가게 하옵소서.

　하지만 이 시간 주님의 임재를 구하면서 나 자신만을 위해서 기도하기를 원하지 않습니다. 주의 도움이 필요한 나의 모든 형제자매들을 주님 앞에 올려 드립니다. 특별히 오늘밤 이러한 사람들을 생각합니다.

　큰 유혹에 처해 있는 이들,
　자신들에게 너무나 어려운 임무들에 직면해 있는 이들,
　결단의 어떤 골짜기에 서 있는 이들,
　빚이나 가난에 시달리는 이들,
　오래 전에 회개했지만 그 잘못한 행동의 결과로 지금 고통을 겪고 있는 이들,
　자신들의 잘못이 아닌데도 인생의 좋은 기회가 거의 없었던 이들,

all family circles broken by death;
all missionaries of the kingdom of heaven in every corner of the earth;
those who lift high the lamp of truth in lonely places;
and ___ and ___ and ___ .

Dear Father of all, make me a human channel through which, as far as I am able, your divine love and pity may reach the hearts and lives of some of those who are nearest to me. Amen.

● *A Diary of Private Prayer*

가족의 죽음으로 유대가 깨어진 모든 가정들,
세계의 방방곡곡에서 하늘 나라를 전하는 모든 선교사들,
외로운 곳에서 진리의 등불을 높이 들고 있는 이들,
그리고 ___ 와 ___ 와 ___ 를 생각하고 위해서 기도합니다.

온 인류의 사랑하는 아버지, 나를 주님의 통로로 삼으셔서 이를 통해 내가 할 수 있는 대로 하나님의 사랑과 긍휼을 나와 가장 가까이 있는 사람들의 마음과 삶에 전달할 수 있게 하옵소서. 아멘.

ELEVENTH DAY   MORNING

LORD, you are everywhere, and it is beneath your eye that all lives are lived; please grant that all my purposes and actions today may be honorable and gracious. May I be just and true in all my dealings. May no mean or unworthy thought have a moment's place in my mind. May my motives be transparent to all. May my word be my bond. May I not take unfair advantage of anyone. May I be kind in my judgment of others. May I be unbiased in my opinions. May I be loyal to my friends and generous to my opponents. May I face adversity with courage. May I not ask or expect too much for myself.

Yet, Lord, do not let me rest content with an ideal of humanity that is less than what was shown to us in Jesus. Give me the mind of Christ. May I not rest until I am like him in all his fullness. May I listen to Jesus' question: "What are you doing more than others?" And so may the three Christian graces of faith, hope, and love be more and more formed within me, until all I do and say brings honor to Jesus and his gospel.

O God, you proved your love to us in the passion and death of Jesus Christ our Lord; may the power of his cross be with me today. May I love as he loved. May I be obedient even to death. As

제11일 아침

어디에나 계신 하나님, 주님은 모든 인생이 살아가는 모습을 보고 계십니다. 오늘 나의 모든 목적과 행동이 올바르고 품위 있게 하옵소서. 내가 나의 모든 인간관계에서 공정하고 진실하게 하옵소서. 비열하거나 창피한 생각이 내 마음에 단 한순간도 틈타지 않게 하옵소서. 내 마음의 동기들이 누구에게나 투명하게 하옵소서. 나의 말이 내 보증이 되게 하옵소서. 누구이든 부당하게 이용하지 않게 하옵소서. 다른 사람을 판단할 때는 너그럽게 하옵소서. 나의 의견에는 편견이 없게 하옵소서. 나의 친구들에게는 충실하게 하시고 나의 반대자들에게는 관대하게 하옵소서. 용기 있게 역경에 맞서게 하옵소서. 나 자신을 위해서 너무 많은 것을 요구하거나 기대하지 않게 하옵소서.

하지만 주님, 예수님 안에서 우리에게 나타난 것보다 더 낮은 수준인 이상적인 인간성에 만족하지 않게 하옵소서. 내가 그리스도의 마음을 품게 하옵소서. 그리스도의 모든 충만하심을 닮을 때까지 쉬지 않게 하옵소서. "너희가 남보다 더 하는 것이 무엇이냐?" (마태복음 5:47) 하시는 예수님의 질문에 귀를 기울이게 하옵소서. 그렇게 함으로써 그리스도인의 세 가지 은혜인 믿음, 소망, 사랑이 내 안에 점점 더 형성되어 마침내 내가 행하고 말하는 모든 것이 예수님께 영광을 돌리고 그의 복음에 영광이 되게 하옵소서.

오 하나님, 주님은 우리 주 예수 그리스도의 고난과 죽음을 통하여 우리를 향한 주님의 사랑을 확증하셨습니다. 그리스도의 십자가의 능력이 오늘 나와 함께 있게 하옵소서. 그가 사랑하신 것 같이 나도 사랑하게 하옵소서.

I lean on his cross may I not refuse my own; but rather may I bear it by the strength of his.

O Lord, you have placed the solitary in families; I ask for your heavenly blessing for all the members of my household, all my neighbors, and all my fellow citizens. May Christ rule in every heart and his law be honored in every home. May every knee bend before him and every tongue confess that he is Lord. Amen.

● *A Diary of Private Prayer*

죽기까지 순종하게 하옵소서. 그의 십자가를 의지하면서 나 자신의 십자가를 거부하지 않게 하옵소서. 그러나 오히려 그리스도의 십자가의 능력으로 내 십자가를 지게 하옵소서.

오 주님, 주께서는 가정들 안에 고독한 자들이 있게 하셨습니다. 기도하오니 내 집안의 모든 식구들과 나의 모든 이웃들과 나의 모든 동료 시민들에게 하늘의 복을 내려 주옵소서. 그리스도께서 모든 이들의 마음을 다스리시고 그의 말씀이 모든 가정에서 존중을 받게 하옵소서. 모든 무릎을 그리스도 앞에 꿇게 하시고 모든 입이 그리스도는 주님이시라고 고백하게 하옵소서. 아멘.

ELEVENTH DAY   EVENING

O MERCIFUL heart of God, in true penitence and remorse I open my heart to you now. Let me keep nothing hidden from you while I pray. The truth about myself is humbling, but give me courage to speak it out in your presence. What I was not too ashamed to commit, may I not be too ashamed to confess. In your wisdom use this pain of confession as a way of making me hate the sins confessed.

I confess to laziness in this ⎯ and this ⎯ ;
I confess to vanity in this ⎯ and this ⎯ ;
I confess to this ⎯ and this ⎯ indulgence in physical desires;
I confess to the habit of lying in this ⎯ and this ⎯ ;
I confess to this ⎯ and this ⎯ dishonesty;
I confess to this ⎯ and this ⎯ unkind word;
I confess to having entertained this ⎯ and this ⎯ evil thought;
I confess to this ⎯ and this ⎯ wrong direction my life has been taking;
I confess to this ⎯ and this ⎯ lapse from faithful Christian living.

O Lord, whose love in the human heart can burn like a fire all that is shameful and evil, let me now grasp your perfect righteousness

제11일 저녁

오 자비로운 마음의 하나님, 지금 진정으로 회개하고 참회하면서 내 마음을 주님께 열어드립니다. 내가 기도하는 동안 주께 아무 것도 숨기지 않게 하옵소서. 나 자신의 참 모습은 보잘 것 없지만 주님 앞에서 용기를 내어 그것을 말할 수 있게 하옵소서. 내가 부끄러운 줄 모르고 지은 죄를 부끄러워하지 않고 고백하게 하옵소서. 주님의 지혜로 이 고백의 고통을 극복하여 내가 고백한 죄들을 미워하게 하옵소서.

나는 ___ 하고 ___ 한 일에 게을렀음을 고백합니다.
나는 ___ 하고 ___ 한 일에 가졌던 허영심을 고백합니다.
나는 ___ 하고 ___ 한 일에 빠졌던 육체적 욕망을 고백합니다.
나는 ___ 하고 ___ 한 일에 있었던 거짓말하는 습관을 고백합니다.
나는 ___ 하고 ___ 한 일에 정직하지 못했음을 고백합니다.
나는 ___ 하고 ___ 한 일에 불친절한 말을 했음을 고백합니다.
나는 ___ 하고 ___ 한 일에 품었던 악한 생각을 고백합니다.
나는 ___ 하고 ___ 한 일에 내 삶이 잘못된 방향으로 가고 있었음을 고백합니다.
나는 ___ 하고 ___ 한 일에 충실한 그리스도인의 생활에서 벗어났음을 고백합니다.

오 하나님, 인간의 마음속에 작용하는 주님의 사랑은 부끄럽고 악한 모든 것을 불살라 버릴 수 있습니다. 이제 주님의 완전한 의를 제대로 이해하

and make it my own. Blot out all my disobedience and let my sins be covered. Help me to feel your hand upon my life, cleansing me from the stain of past wrongdoings, loosing me from the grip of evil habits, strengthening me in new habits of pure heartedness and guiding my footsteps in the way of eternal life.

O God, lead me in battle against my secret sins. Fence around my life with a shield of hope and commitment. And let Christ be formed in my heart through faith. All this I ask for his holy name's sake. Amen.

● *A Diary of Private Prayer*

고 그것이 나의 의가 되게 하여 주옵소서. 나의 모든 불순종의 죄를 없애 주시고 나의 죄들을 덮어 주옵소서. 내 삶을 인도하시는 주님의 손길을 느끼도록 도와주옵소서. 그래서 지나간 나의 얼룩진 잘못된 행실을 깨끗이 씻어 주시고, 매여 있던 악한 습관들에서 나를 풀어주시며, 순결한 마음에서 나온 새로운 습관들을 통해 나를 강하게 하시고, 내 발걸음을 영생의 길로 인도하여 주옵소서.

오 하나님, 내가 나의 은밀한 죄와 싸울 때 나를 이끌어 주옵소서. 소망과 헌신의 방패로 내 삶을 둘러 보호하여 주옵소서. 또한 믿음을 통하여 내 마음속에 그리스도가 형성되게 하옵소서. 이 모든 말씀을 예수 그리스도의 거룩하신 이름으로 기도합니다. 아멘.

TWELFTH DAY   MORNING

O ETERNAL God, although I cannot see you with my eyes or touch you with my hands, give me today a clear conviction of your reality and power. Do not let me go into my work believing only in the world of sense and time, but give me grace to understand that the world I cannot see or touch is the most real world of all. My life today will be lived in time, but it will involve eternal issues. The needs of my body will shout out, but it is for the needs of my soul that I must care the most. My business will be with material things, but let me be aware of spiritual things behind them. Let me always keep in mind that the things that matter are not money or possessions, not houses or property, not bodily comforts or pleasures, but truth and honor and gentleness and helpfulness and a pure love of you.

Thank you, Lord:

For the power you have given me to grasp things unseen;
For the strong sense I have that this is not my eternal home;
For my restless heart which nothing finite can satisfy.

Thank you, Lord:

제12일 아침

오 영원하신 하나님, 비록 주님을 내 눈으로 볼 수도 없고 내 손으로 만질 수도 없지만, 오늘 나에게 주님의 실재와 능력에 대한 분명한 확신을 주옵소서. 내가 그저 감각과 시간의 세계만 믿고 일터로 나가지 않게 하시고, 나에게 은혜를 주셔서 내가 볼 수도 없고 만질 수도 없는 세계가 모든 것 중에서 가장 확실하게 실재하는 세계임을 이해하게 하옵소서. 내가 오늘 시간 속에서 살아가겠지만, 내 삶이 영원의 문제들과 연관되어 있음을 깨닫고 살아가게 하옵소서. 내 육신의 필요도 시급하지만, 내가 가장 관심을 가져야 할 것은 바로 내 영혼의 문제입니다. 나의 업무가 물질적인 것들과 관련되어 있지만, 그 배후에 있는 영적인 것들을 깨닫게 하옵소서. 정말로 중요한 것은 돈이나 소유물이 아니고, 집이나 재산도 아니며, 육신의 위로나 쾌락이 아니라, 진리와 명예, 온유와 도움의 손길, 그리고 주님에 대한 순수한 사랑이라는 사실을 항상 마음에 간직하게 하옵소서.

주님, 감사합니다.

주께서 나에게 보이지 않는 것들을 이해할 수 있는 능력을 주시고,
지금 이곳이 나의 영원한 집이 아니라는 강한 의식을 갖게 하시며,
유한한 그 어떤 것으로도 만족하지 못하는 불안한 마음을 나에게 주셔서 감사드립니다.

주님, 감사합니다.

For sending your Spirit to fill my heart;
For all human love and goodness that speak to me of you;
For the fullness of your glory poured out in Jesus Christ.

On my pilgrim journey toward eternity, I come before you, the eternal One. Let me not try to deaden or destroy the desire for you that disturbs my heart. Let me rather give myself over to its persuasion and go where it leads me. Make me wise today to see all things within the dimension of eternity and make me brave to face all the changes in my life that come from this vision; through the grace of Christ my Savior. Amen.

- *A Diary of Private Prayer*

주님의 영을 보내셔서 내 마음을 채워 주시고,
주님을 내게 증언하는 모든 인간의 사랑과 선행을 보여 주시며.
예수 그리스도 안에서 주님의 충만한 영광을 내게 부어 주셔서
감사드립니다.

영원을 향한 순례자의 여행 도상에서 이제 내가 영원하신 주님 앞에 나옵니다. 간절하게 주님을 갈망하는 마음을 내가 꺾거나 소멸시키지 않도록 노력하게 하옵소서. 오히려 그 갈망의 자극에 나 스스로를 맡기고 그것이 인도하는 곳으로 나아가게 하옵소서. 오늘 내가 모든 것을 영원의 차원에서 보도록 나를 지혜롭게 하시고 이러한 비전 때문에 생기는 내 삶의 모든 변화들을 용감하게 받아들이게 하옵소서. 나의 구주이신 그리스도의 은혜를 의지하여 기도합니다. 아멘.

TWELFTH DAY EVENING

O LORD, all treasures of wisdom and truth and holiness are stored up in your boundless being. Grant that through our constant fellowship with you, those graces of Christian character may more and more take shape within me:

> The grace of a thankful and uncomplaining heart;
> The grace to await your timing patiently and to answer your call promptly;
> The grace of courage whether in suffering or in danger;
> The grace to endure any hardship in the fight against evil;
> The grace of boldness to stand up for what is right;
> The grace of being adequately prepared for any temptation;
> The grace of physical discipline;
> The grace of truthfulness;
> The grace to treat others as I would like them to treat me;
> The grace of sensitivity, that I may refrain from hasty judgment;
> The grace of silence, that I may refrain from thoughtless speech;
> The grace of forgiveness toward all who have wronged me;
> The grace of tenderness toward all who are weaker than myself;
> The grace of faithfulness in continuing to desire that you will answer these prayers.

제12일   저녁

오 하나님, 지혜와 진리와 거룩함의 모든 보물들이 주님의 무한하신 존재 안에 담겨져 있습니다. 주님과의 끊임없는 교제를 통하여 그리스도인의 성품을 나타내는 이러한 여러 가지 은혜들이 더욱 더 내 안에 형성되게 하옵소서.

감사하면서 불평하지 않는 은혜를,
주님의 때는 인내하며 기다리되
주님의 부르심에는 즉시 응답하는 은혜를,
고난을 당하든지 위험에 처하든지 용기의 은혜를,
악에 대항하는 싸움에서 오는 어떤 고난도 견디는 은혜를,
옳은 일을 지지하는 담대함의 은혜를,
어떤 유혹에도 빠지지 않도록 적절히 대비된 은혜를,
육체를 단련하는 은혜를,
진실함의 은혜를,
남에게 대접을 받고자 하는 대로 남을 대접하는 은혜를,
성급한 판단을 피하게 하는 민감한 마음의 은혜를,
경솔한 말을 피하게 하는 침묵의 은혜를,
나에게 잘못한 모든 이들을 용서하는 은혜를,
나 자신보다 더 약한 모든 이들을 다정하게 대하는 은혜를,
주께서 지금 내가 드리는 이 기도에 응답하실 것을 계속해서 충실하게 소망하는 은혜를 나에게 베풀어 주옵소서.

And now, O God, give me a quiet mind as I lie down to rest. Dwell in my thoughts until sleep overtakes me. [Let me rejoice in the knowledge that, whether awake or asleep, I am still with Thee.] Do not let me be worried by the small anxieties of this life. Do not let any troubled dreams disturb me, so that I may wake refreshed and ready for all that tomorrow brings. [And to Thy name be all the glory. Amen.]

> "And Thou, O Lord, by whom are seen
> Thy creatures as they be,
> Forgive me if too close I lean
> My human heart on Thee."[4)] Amen

● *A Diary of Private Prayer*

오 하나님, 이제 내가 쉬기 위해 잠자리에 누워 있을 때 내게 고요한 마음을 주옵소서. 내가 잠이 들 때까지 내 생각 안에 머물러 주옵소서. [내가 깨어 있거나 잠이 들거나 여전히 주님과 함께 있음을 알고 기뻐하게 하옵소서.] 이 세상을 살면서 겪는 작은 불안들 때문에 걱정하지 않게 하옵소서. 어떤 괴로운 꿈도 내 단잠을 방해하지 않게 하옵소서. 그리하여 상쾌한 기분으로 잠이 깨어 내일 해야 할 모든 일을 잘 준비하게 하옵소서. [주의 이름에 모든 영광이 있기를 원합니다. 아멘.]

"그리고 오 주님, 주께서는 주의 피조물들을
있는 그대로 보십니다.
만일 내가 내 인간의 감정을 너무 친밀하게
주께 의존한다면 나를 용서하옵소서."[4] 아멘

THIRTEENTH DAY   MORNING

O LORD, you are the hidden Source of all life. Help me now to meditate on your great and gracious plan that a mere mortal like me should look up to you and call you Father.

A. In the beginning Thou, the Uncreated,
    Making all things out of nothing;
    Space and time and material substance;
    All things that creep and fly, the beasts of the forest, the fowls of the air, the fish of the sea;
    And at last man, in Thine own image, to have fellowship with Thyself;
    Then when, in the corruption and disobedience of his heart, that image had been defaced;
    A gracious design for its restoration through the gift of Thine only-begotten Son;
    New life in Him, and a new access to Thy holy presence.

B. In the beginning you, the uncreated, released your creative

제13일 아침

오 하나님, 주님은 모든 생명의 숨겨진 근원이십니다. 이제 내가 주님의 위대하고 은혜로운 계획을 묵상하도록 도와주옵소서. 이 계획에 따라 나 같이 그저 죽음을 면할 수 없는 인간이 주님을 우러러보고 아버지라고 부르게 하셨습니다.

(옮긴이 주: 아래의 두 신앙고백 중 A는 존 베일리의 원문이며 B는 수잔나 라이트의 개정된 글이다. 라이트의 글이 원문과 차이가 많이 나기 때문에 독자들의 이해가 필요한 부분이다.)

A. 태초에 스스로 계신 하나님이
만물을 무로부터 창조하셨습니다.
공간과 시간과 물질을 만드셨습니다.
땅에 기고 하늘을 나는 모든 것들, 숲의 짐승들,
공중의 새들, 바다의 물고기들을 만드셨습니다.
그리고 마침내 인간을 주님 자신의 형상대로 창조하셔서
주님 자신과 교제를 갖도록 하셨습니다.
그런데 인간의 마음이 타락하고 불순종하여
그 형상이 훼손되었습니다.
그러자 하나님은 주님의 독생자를 선물로 주셔서
그 형상을 회복하실 은혜로운 계획을 세우셨습니다.
그리하여 인간이 그분 안에서 새 생명을 얻고
주님의 거룩한 임재 앞에 새롭게 나아갈 수 있게 하셨습니다.

B. 태초에 스스로 계신 하나님이 주의 창조력을 발휘하셨습니다.

power;
And then space and time and matter;
The atom and the molecule and crystalline forms;
The first germ of life;
And then the long upward striving of life;
The things that creep and fly, the animals of the forest, the birds of the air, the fish of the sea;
And then the gradual dawn of intelligence;
And at last the making of human beings;
The beginning of history;
The first altar and the first prayer.

O hidden love of God, it is your will that all created spirits should live forever in pure and perfect fellowship with you. Grant that in my life today I may do nothing to defeat this, your most gracious purpose. Help me to keep in mind that your whole creation is groaning in labor pains as we wait for the revealing of the children of God; and let me welcome every influence of your Spirit upon my spirit that may make this happen more speedily.

When you knock on the door of my heart, may I never keep you standing outside, but welcome you in with joy and thanksgiving. May I never harbor anything in my heart that I would be ashamed of in your presence; may I never keep a single corner closed to your influence.

Do what you will with me, O God; make of me what you will, change me as you will, and use me as you will, both now and in the larger life beyond; through Jesus Christ our Lord. Amen.

공간과 시간과 물질을 창조하셨습니다.
원자와 분자와 결정체로 된 형태들을 만드셨습니다.
생명의 첫 번째 종을 만드셨습니다.
그리고 생명의 오랜 발전 과정이 있게 하셨습니다.
땅에 기는 것들과 하늘을 나는 것들, 숲의 동물들,
공중의 새들, 바다의 물고기들을 만드셨습니다.
그리고 동물들의 지능이 점점 나타나기 시작했습니다.
그리고 마침내 인간을 창조하셨습니다.
역사가 시작되었습니다.
인간은 처음으로 제단을 쌓고 처음으로 기도를 드렸습니다.

오 숨어 계시는 사랑의 하나님, 주님의 뜻은 모든 피조된 영들이 주님과 순수하고 완전한 교제를 나누며 영원토록 살기를 원하시는 것입니다. 내가 오늘 살아가는 동안 주님의 이러한 지극히 은혜로운 목적을 이루지 못하게 하는 일은 결코 하지 않도록 하옵소서. 주님의 모든 피조물이 하나님의 자녀들이 나타나기를 기다리면서, 해산의 고통을 겪으며 신음하고 있다는 것을 내가 명심하도록 도와주옵소서, 이러한 일이 더 빨리 일어나도록 주의 영이 내 영에 전적으로 감화를 줄 때 이를 기꺼이 받아들이게 하옵소서.

주님이 내 마음의 문을 두드리실 때 주께서 결코 문 밖에 서 계시지 않게 하시고 기쁨과 감사로 주님을 영접하게 하옵소서. 주 앞에서 내가 부끄러워할 어떤 생각도 내 마음속에 결코 품지 않게 하옵소서. 내 마음의 어느 한 구석도 주님의 감화를 외면하는 곳이 결코 없게 하옵소서.

오 하나님, 주님이 나에게 원하시는 일을 하옵소서. 지금도 그리고 이후 미래에 더 크게 기대되는 삶에서도 주님이 원하시는 대로 나를 만드시고, 주님이 원하시는 대로 나를 변화시키시며, 주님이 원하시는 대로 나를 사용하시옵소서. 우리 주 예수 그리스도의 이름으로 기도합니다. 아멘.

THIRTEENTH DAY   EVENING

O HEAVENLY Father, give me a heart like the heart of Jesus, a heart more ready to serve than be served, a heart moved by compassion towards the weak and oppressed, a heart set upon the coming of your kingdom in the world of men and women.

I pray tonight, O God, for all the different kinds of people to whom Jesus gave special concern and care when he was on earth:

For those needing food or drink or clothes;
For the sick and all those who are wasted by disease;
For the blind;
For the disabled;
For people suffering from life-shattering diseases like leprosy in Jesus' time and HIV/AIDS in ours;
For prisoners;
For those oppressed by any injustice, and for refugees and asylum seekers;
For the homeless, and all the lost sheep of our society;
For all victims of sexual exploitation and abuse;
For the lonely;
[For all lonely strangers within our gates;][5)]

제13일 저녁

오 하늘에 계신 아버지, 나에게 예수님의 마음과 같은 마음을 주옵소서. 섬김을 받기보다 기꺼이 섬기는 마음을, 약자와 억압 받는 자들을 긍휼히 여기는 마음을, 그리고 인간 세상에 도래하는 하나님의 나라에 고정된 마음을 주옵소서.

오 하나님, 예수께서 지상에 계실 때에 특별히 관심을 가지시고 돌보셨던 사람들과 같은 처지에 있는 온갖 부류의 사람들을 위해 이 밤에 기도합니다.

먹을 것과 마실 것과 입을 것이 필요한 이들을 위해,
환자들과 질병으로 쇠약해진 모든 이들을 위해,
시각 장애인들을 위해,
신체 장애인들을 위해,
예수님 당시의 문둥병과 오늘날의 에이즈 바이러스 (HIV/AIDS) 와 같은 인생을 망치는 질병으로 고통당하는 이들을 위해,
감옥에 있는 이들을 위해,
불의에 의해 억압 받는 이들과 난민들과 망명 요청자들을 위해,

노숙자들과 우리 사회의 모든 잃은 양들을 위해,
성적 착취와 학대의 모든 희생자들을 위해,
외로운 이들을 위해;
[국내에 있는 모든 외로운 외국인들을 위해,][5]

For all single parents;
For the worried and the anxious;
For those who are living faithful lives in obscurity;
For those who are fighting bravely for unpopular causes;
For all those who are working diligently for you throughout your world.

Grant, O Father, that your loving kindness in giving me so much may not make me less sensitive to the needs of others less fortunate, but rather move me to lay their burdens on my own heart. If I should experience any adversity, help me not to brood on my own sorrows, as if I were alone in the world of suffering; but rather help me to take time to serve, with compassion, those who need my help. Let the power of my Lord Jesus Christ be strong within me and his peace invade my spirit. Amen.

- *A Diary of Private Prayer*

모든 싱글 부모들을 위해,
걱정하고 근심하는 이들을 위해,
무명의 인생이지만 충실하게 살아가는 이들을 위해,
인기 없는 대의명분을 위해 용감하게 싸우고 있는 이들을 위해,
주님의 온 세계에 걸쳐서 주를 위하여 열심히 일하고 있는 모든 이들을
위해 기도합니다.

오 아버지, 주님이 나에게 이토록 많이 자애를 베풀어 주셨는데, 그렇다고 해서 내가 나보다 행복하지 못한 다른 사람들의 어려움에 둔감하지 않게 하시고, 오히려 그들의 무거운 짐을 내 마음 위에 지우게 하옵소서. 그리고 만일 나에게 역경이 닥쳐온다면, 마치 세상에서 나 혼자만 고통을 당하는 것처럼 슬픔에 잠기지 않게 도와주시고, 도리어 그럼에도 내 도움이 필요한 이들을 긍휼히 여기는 마음으로 시간을 내어 섬기게 도와주옵소서. 그리하여 내가 나의 주 예수 그리스도의 능력으로 강해지고 그의 평화가 내 영에 충만하게 하옵소서. 아멘.

FOURTEENTH DAY   MORNING

O LORD, you indwell our shabby human life, lifting it now and then above the dominance of animal passion and greed, allowing it to shine with borrowed lights of love and joy and peace, and making it a mirror of the beauties of a world unseen. Grant that my part in the world's life today may not be to obscure the splendor of your presence but rather to make it more plainly visible to the eyes of my fellow men and women.

Help me to make a stand today—

for whatever is pure, true, just, and good;
for the advancement of science and education and true learning;
for the redemption of daily business from the blight of self-seeking;
for the rights of the weak and the oppressed;
for cooperation and mutual help in industry, commerce, and government;
for the conservation of the rich traditions of the past;
for the recognition of new movements of your Spirit in the minds and lives of people today;
for the hope of even more glorious days to come.

제14일 아침

오 하나님, 주님은 우리 인간의 비천한 삶 속에 거하십니다. 그런데 주님은 때때로 이러한 삶을 높여 주시어 동물적인 정욕과 탐욕의 지배를 받지 않도록 하십니다. 또한 주님은 이러한 삶을 변화시켜 사랑과 기쁨과 평화의 빛을 반사해 빛나게 하시며, 또 보이지 않는 세계의 아름다움을 보여주는 거울이 되게 하십니다. 내가 오늘 이 세상에 사는 동안 주님이 나와 함께 하시는 임재의 광채를 흐리지 않게 하시고 오히려 나의 동료들이 더욱 분명하게 그 광채를 볼 수 있도록 살게 하옵소서.

오 하나님, 오늘 다음과 같은 일들을 위해 내가 분발하게 도와주옵소서.

무엇이든 순수하고 진실하고 올바르고 선한 것을 위해,
과학과 교육과 참된 학습의 진보를 위해,
일상의 일들이 이기주의로 인해 황폐하게 되지 않기 위해,
약자와 압제 받는 자들의 권리를 위해,
산업과 상업과 정부의 업무 면에서 협력과 상호 지원을 위해,
과거의 풍부한 전통들의 보존을 위해,
오늘날 사람들의 마음과 삶에서 새롭게 역사하시는 주님의 영을 인식하기 위해,
앞으로 다가올 더욱 영광스러운 날들에 대한 희망을 위해,
내가 분발하게 도와주옵소서.

Today, dear Lord—

Help me put what is right before my own interest;
Help me put others before myself;
Help me not to forget matters of the spirit, by being too consumed with matters of the body;
Help me put the attainment of what is true and just and honorable above the enjoyment of present pleasures;
Help me put principle above reputation;
Help me put you above all else.

O God, the reflection of your transcendent glory once appeared unbroken in the face of Jesus Christ. Give me today a heart like his: a brave heart, a true heart, a tender heart, a heart with great room in it, a heart fixed on you; for his name's sake. Amen.

- *A Diary of Private Prayer*

사랑하는 주님, 오늘

나 자신의 이익보다 옳은 일을 앞세우게 도와주옵소서.
나 자신보다 남을 앞세우게 도와주옵소서.
육체의 일에 너무 몰두한 나머지 영적인 일을 잊지 않게 도와주옵소서.
현재의 쾌락을 즐기는 것보다 진실하고 공정하고 명예로운 일을 달성하는 것을 앞세우게 도와주옵소서.
명성보다 원칙을 앞세우게 도와주옵소서.
다른 모든 것보다 주님을 앞세우게 도와주옵소서.

오 하나님, 예전에 주님의 초월적인 영광이 반사되어 예수 그리스도의 얼굴에서 완전히 나타났습니다. 오늘 나에게 그리스도의 마음처럼 용기 있는 마음, 진실한 마음, 부드러운 마음, 관대한 마음, 주님께 고정된 마음을 주옵소서. 예수님의 이름으로 기도합니다. 아멘.

FOURTEENTH DAY   EVENING

O DIVINE Love, as you stand outside the closed doors of human hearts and knock, grant me the grace to throw open all the doors of my heart. Tonight let me draw back every bolt and bar that until now has robbed my life of air and light and love.

Open my ears, O God, so that I can hear your voice calling me to attempt great things. Too often when you have spoken to me I have been deaf to your appeals; but now give me the courage to answer, "Hear I am; send me." Help me to hear when any of my human brothers and sisters, your children, call out in need. Help me to hear your voice in their cry.

Open my mind, O God, so that I may welcome any new insights or knowledge that you wish to give me. May I not cling to the past so tightly that I limit the life ahead of me. Give me courage to change my mind when that is needed. Help me to be tolerant to the thoughts of others and open to the truths they may teach me.

Open my eyes, O God, so that I may see you in your wonderful creation around me. Let all lovely things fill my heart with joy, and

제14일 저녁

오 사랑의 하나님, 주님은 인간 마음의 닫힌 문 밖에 서서 문을 두드리고 계십니다. 이제 나에게 은혜를 주셔서 내 마음의 모든 문을 활짝 열어 주옵소서. 지금까지 내 삶에서 공기와 빛과 사랑을 빼앗아 갔던 모든 걸쇠와 빗장을 오늘밤 내가 뽑아내게 하옵소서.

오 하나님, 내 귀를 열어 주셔서 위대한 일을 시도하도록 나를 부르시는 주님의 음성을 들을 수 있게 하옵소서. 주님이 내게 말씀하셨을 때 너무나 자주 주님의 호소에 귀를 기울이지 않았습니다. 그러나 이제는 "내가 여기 있나이다. 나를 보내소서." (이사야 6:8) 라고 대답할 수 있는 용기를 주옵소서. 주님의 자녀인 내 형제 자매들 중에 누구든지 어려움에 처해 부르짖을 때 내가 그 소리를 듣도록 도와주옵소서. 그들의 부르짖음에서 주님의 음성을 듣도록 도와주옵소서.

오 하나님, 내 마음을 열어 주셔서 주님이 나에게 주기를 원하시는 새로운 통찰력이나 지식은 무엇이든 기꺼이 받아들일 수 있게 하옵소서. 내가 과거에 너무 단단히 집착한 나머지 내 미래의 삶을 제한하지 않게 하옵소서. 필요할 때는 내 마음을 언제든 바꿀 수 있는 용기를 주옵소서. 다른 사람들의 생각에 관대하고 그러한 생각들을 통해 내가 배울 수 있는 진리에 열린 마음을 갖도록 도와주옵소서.

오 하나님, 내 눈을 열어 주셔서 내 주변에 있는 주님이 창조하신 멋진 세계에서 주님을 볼 수 있게 하옵소서. 모든 아름다운 것들이 내 마음을 기쁨

may they turn my mind to your everlasting loveliness. Forgive me for the times when I have been blind to the grandeur and glory of creation, the charm of little children, and the beauty of human lives, and so have failed to see you in all these reminders of your presence.

Open my hands, O God: hands ready to share with others all the blessings you have so richly given me. Deliver me from all mean and selfish instincts. All my money is yours and all my possessions belong to you; help me to be a faithful steward of your generosity. All honor and glory be to you forever. Amen.

● *A Diary of Private Prayer*

으로 충만하게 하고 내 생각을 주님의 영원한 사랑에 집중하게 하옵소서. 내가 그동안 창조 세계의 장엄함과 영광, 어린 아이들의 매력, 인간 삶의 아름다움에 눈이 멀었으며, 그래서 주의 임재를 상기시켜 주는 이 모든 것들에서 주님을 볼 수 없었음을 용서하옵소서.

오 하나님, 내 손을 열어 주셔서 주님이 나에게 이토록 풍성하게 주신 모든 복을 다른 사람들과 언제든지 나눌 수 있는 손이 되게 하옵소서. 모든 비열하고 이기적인 본능에서 나를 구원하옵소서. 내 모든 돈은 주님의 것이며 내 모든 재산은 주님께 속한 것입니다. 내가 주께서 풍부하게 주신 재물에 대한 충실한 청지기가 되도록 도와주옵소서. 모든 존귀와 영광이 주님께 영원히 있기를 원합니다. 아멘.

FIFTEENTH DAY   MORNING

O GOD, you are alive from eternity to eternity. You are not just at one time or in one place, because all times and places are in you. I long to understand my destiny as a child of yours. Here I stand, weak and mortal amid the immensities of nature. But blessed are you, O Lord God, for you have made me in your own likeness, and you have breathed into me the breath of your own life. Within this fragile body you have set a spirit that can relate to your own Spirit. Within this perishable being you have planted what cannot perish, and within this mortal, immortality. So from this little room and this early hour I can lift up my mind beyond all time and space to you, the uncreated One, until the light of your face illuminates my whole life.

Let me remember that my mortal body is only the servant of my immortal soul;
Let me remember how uncertain my hold is on my own physical life;
Let me remember that here I have no continuing city, but only a place for a brief stay, and a time for testing and training;
Let me use this world without abusing it;
Let me be in this world but not of it;
Let me be as though I have nothing, and yet possess everything;

제15일 아침

오 하나님, 주님은 영원부터 영원까지 살아 계십니다. 모든 시간과 공간이 주님 안에 있으므로 주님은 시간과 공간을 초월해 계십니다. 이제 나는 주님의 자녀로서의 내 운명을 이해하기를 간절히 원합니다. 여기에 내가 광대한 자연의 한 가운데 약하고 죽을 수 밖에 없는 존재로 서 있습니다. 오 주 하나님, 그러나 주님은 주님 자신의 형상대로 나를 지으시고 주님 자신의 생명의 숨을 나에게 불어 넣으셨으니 주님을 송축합니다. 이 연약한 몸 안에 주님 자신의 영과 교제할 수 있는 영을 넣어 주셨습니다. 이 썩을 존재 안에 썩을 수 없는 것을 심어 주시고 이 죽을 존재 안에 죽지 않을 것을 심어 주셨습니다. 그리하여 이 작은 방에서부터 이렇게 이른 시간부터 나는 주님의 얼굴빛이 내 삶 전체를 비추어줄 때까지 스스로 계시는 분인 주께 모든 시간과 공간을 초월하여 내 마음을 올려 드릴 수 있습니다.

나의 죽을 몸은 다만 나의 죽지 않을 영혼의 종에 지나지 않음을 기억하게 하옵소서.
나 자신의 육신의 삶을 붙잡고 사는 것이 얼마나 불확실한 일인지 기억하게 하옵소서.
여기 이 세상에는 내가 영원히 거주할 도시가 없고 단지 잠시 머물 곳과 시험과 훈련의 시간만 있을 뿐임을 기억하게 하옵소서.
내가 이 세상을 사용하되 남용하지 않게 하옵소서.
이 세상에 존재하되 이 세상에 속하지 않게 하옵소서.
아무 것도 가진 것이 없더라도 모든 것을 가진 것처럼 살게 하옵소서.

Let me understand the vanity of what is time bound and the glory of the eternal;

Let my world be centered not in myself, but in you.

Almighty God, you raised your Son from the dead and set him at your right hand in everlasting glory. Thank you for this hope of immortality with which, through many ages, you have cheered and enlightened the souls of your people; a hope which you have made secure through our Lord Jesus Christ. Amen.

● *A Diary of Private Prayer*

시간에 매인 것의 허무함과 영원한 것의 영광을 이해하게 하옵소서.
내가 살아가는 세계의 중심이 나 자신이 아니라 주님이 되게 하옵소서.

전능하신 하나님, 주님은 독생자 예수님을 죽은 자 가운데서 일으키시고 영원한 영광 중에 주님의 오른편에 앉게 하셨습니다. 영원히 사는 이러한 소망을 주신 것을 감사드립니다. 지나간 많은 시대를 거치는 동안 주님은 이 영생의 소망으로 주의 백성의 영혼들을 격려하고 깨우치셨으며 또한 주님은 우리 주 예수 그리스도를 통해 이 소망을 보증해 주셨음을 감사드립니다. 아멘.

FIFTEENTH DAY   EVENING

O GOD of mercy, you care for me as if you had no other to care for, and yet you care for all others as you care for me; so I bring to you my needs and also the needs of the world of humankind to which I belong.

Remember me in your mercy, O God, and keep me in your grace. Forgive the poor use I have made today of the talents you have entrusted to me. Cover up the inadequacy of my service by the fullness of your resources. Yet grant also that day by day I may be strengthened by your help, so that my service may grow less unworthy and my sins less grievous. May Christ more and more reign in my heart and purify my deeds.

Remember in your mercy all humankind, O God. Let the whole earth be filled with your praise and made glad by the knowledge of your name. Let there fall upon all people a sense of your excellent greatness. Let the nations be in awe of you. Let your glory rule over every seat of power and every workplace. Let your law be honored in every home. Redeem the whole world's life, O God, and transform it utterly through the power of the cross.

O Lord, you graciously use our small human efforts toward the

제15일   저녁

오 자비로우신 하나님, 주님은 나 밖에는 돌볼 사람이 없는 듯이 나를 돌보시며, 하지만 주님은 나를 돌보듯이 모든 다른 사람을 돌보아 주십니다. 그래서 이제 나는 내가 필요한 것과 또한 내가 속해 있는 이 세상 사람들의 필요한 것도 주님께 올려 드립니다.

오 하나님, 주님의 자비로 나를 기억하시고 주님의 은혜로 나를 지켜 주옵소서. 주님이 내게 맡기신 재능들을 오늘 최선을 다해 사용하지 못했음을 용서하옵소서. 내가 오늘 충분히 섬기지 못한 것을 주님의 충만한 은혜의 자원으로 덮어 주옵소서. 하지만 또한 날마다 내가 주님의 도움으로 강하게 되게 하셔서, 내가 섬기는 일은 점점 더 값지게 하시고 내 죄로 인한 슬픔은 점점 더 줄어들게 하옵소서. 그리스도께서 점점 더 내 마음을 다스리시고 내 행위를 깨끗하게 해주옵소서.

오 하나님, 주님의 자비로 모든 인류를 기억하여 주옵소서. 온 세계 사람들이 주님을 향한 찬양으로 충만하게 하시고 주님의 이름을 아는 지식으로 기뻐하게 하옵소서. 모든 사람들이 주님의 탁월한 위대하심을 깨닫게 하옵소서. 열방이 주님을 경외하게 하옵소서. 주님의 영광이 모든 권력의 자리와 모든 일터를 다스리게 하옵소서. 모든 가정이 주님의 법도를 소중히 여기게 하옵소서. 오 하나님, 온 세상의 생명을 회복시키시고 십자가의 능력으로 완전히 변화시켜 주옵소서.

오 주여, 주님은 주의 목적을 이루시려고 은혜로 우리 인간의 작은 수고

attainment of your purposes. I pray for all who are devoting their lives to proclaiming the gospel in every land, especially ＿ and ＿. I pray for all who are working for the cause of peace and understanding between nations, and for all who are striving to break down the dividing walls between enemies and to make all one in Christ Jesus. Encourage them with the joy of your presence, and kindle in me the urgent desire to further and support their hard work as far as I am able; through Jesus Christ. Amen.

● *A Diary of Private Prayer*

를 사용하십시오. 온 세계에서 복음을 선포하기 위해 자기의 삶을 헌신하고 있는 모든 선교사들을 위해, 특별히 ＿ 와 ＿ 를 위해 기도합니다. 또한 국가 간의 평화와 이해를 목적으로 일하는 모든 이들을 위해 기도하며, 적대자들 사이의 장벽을 허물어 모두가 그리스도 예수 안에서 하나가 되도록 노력하는 이들을 위해 기도합니다. 이제 그들을 주님의 임재의 기쁨으로 격려하옵소서, 그리고 내가 할 수 있는 대로 그들의 힘든 활동을 진전시키고 후원하고 싶은 간절한 소원이 내 안에 불붙듯 생기게 하옵소서. 예수 그리스도의 이름으로 기도합니다. 아멘.

SIXTEENTH DAY   MORNING

"MY SOUL yearns for you in the night; my spirit within me earnestly seeks you. For when your judgments are in the earth, the inhabitants of the world learn righteousness."

O God, give me today a strong and vivid sense that you are by my side. In a crowd or by myself, in business and leisure, in my sitting down and my rising, may I always be aware of your presence beside me. By your grace, O God, I will go nowhere today where you cannot come, nor seek anyone's presence that would rob me of yours. By your grace I will let no thought enter my heart that might hinder my closeness with you, nor let any word come from my mouth that is not meant for your ear. So shall my courage be firm and my heart be at peace.

> "I steadier step
> When I recall
> That though I slip
> Thou dost not fall."[6]

O Lord, the desired of all nations, in the knowledge of your love and power there is salvation for all the peoples of the earth. Quickly bring the day when everyone shall acknowledge you as

제16일   아침

"밤에 내 영혼이 주를 사모하였사온즉 내 중심이 주를 간절히 구하오리니 이는 주께서 땅에서 심판하시는 때에 세계의 거민이 의를 배움이니이다." (이사야 26:9)

오 하나님, 오늘 나에게 주님이 내 곁에 계신다는 강하고 생생한 의식을 주옵소서. 내가 많은 사람과 함께 있을 때나 홀로 있을 때나, 일할 때나 여가 때나, 앉을 때나 일어날 때나, 내 곁에 계시는 주님의 임재를 항상 의식하게 하옵소서. 오 하나님, 나에게 은혜를 베푸시어 오늘 주님이 오실 수 없는 곳에는 어디든지 나도 가지 않게 하시고, 주님과 함께 있지 못하게 할 다른 사람과의 어떤 만남도 구하지 않게 하옵소서. 나에게 은혜를 베푸시어 주님과의 친밀한 교제를 방해할 수 있는 어떤 생각도 내 마음속에 들어오지 않게 하시고, 주님의 귀에 합당하지 않은 어떤 말도 내 입에서 나오지 않게 하옵소서. 그리하여 내 용기는 확고해지고 내 마음은 평안해지게 하옵소서.

"내가 미끄러져 넘어지더라도
주님은 넘어지지 않으심을
기억할 때
나는 더 안정되게 걸어갑니다."[6]

오 모든 열방의 소망이 되시는 주여, 주님의 사랑과 능력을 아는 지식 안에 세계 모든 민족의 구원이 있습니다. 모든 사람이 하나님을 만유의 주로 인정하는 날이 속히 오게 하옵소서. 우리의 지상의 사회가 그리스도의 왕

Lord over all. Quickly bring the day when our earthly society shall become the kingdom of Christ. Quickly bring the day when your presence and the strong hand of your purpose shall be found not only in the hearts of a few wise and brave people, but throughout the nation, in the corridors of power, in the workshop, office, and marketplace, in the city and in the country. And whatever I myself can do toward the fulfilment of your purpose, give me grace to begin today, through Jesus Christ. Amen.

● *A Diary of Private Prayer*

국이 되는 날이 속히 오게 하옵소서. 주님의 임재와 주님의 목적을 이루는 강한 손을 단지 지혜롭고 용기 있는 몇몇 사람들의 마음에서 뿐만 아니라 온 나라에 걸쳐, 권력을 행사하는 기관에서나, 일터와 사무실과 시장에서나, 도시와 시골에서도 보게 될 날이 속히 오게 하옵소서. 그러하오니 주님의 목적이 이루어지도록 나 스스로 할 수 있는 일은 무엇이든 오늘부터 시작할 수 있는 은혜를 주옵소서. 예수 그리스도의 이름으로 기도합니다. 아멘.

SIXTEENTH DAY EVENING

O LORD, your eternal love for all people was most perfectly shown in the blessed life and death of our Lord Jesus. Enable me now to meditate so deeply on my Lord's passion, that as I have fellowship with him in his sorrow, I may learn the secret of his strength and peace.

I remember Gethsemane;
I remember how Judas betrayed him;
I remember how Peter denied him;
I remember how "all of them deserted him and fled";
I remember the scourging;
I remember the crown of thorns;
I remember how they spat on him;
I remember how they struck him on the head with a staff;
I remember his pierced hands and feet;
I remember his agony on the cross;
I remember his thirst;
I remember how he cried, "My God, My God, why have you forsaken me?"

"We may not know, we cannot tell,
What pains He had to bear;

제16일　저녁

　　오 하나님, 주님은 모든 사람들을 위한 영원한 사랑을 우리 주 예수 그리스도의 복된 삶과 죽음을 통해 완전히 보여주셨습니다. 이제 내가 나의 주의 고난을 깊이 묵상하게 하옵소서. 그래서 슬픔 가운데 계신 그 분과 교제할 때에 주의 능력과 평안의 비밀을 배울 수 있게 하옵소서.

　　나는 겟세마네를 기억합니다.
　　가룟 유다가 어떻게 예수님을 배반했는지를 기억합니다.
　　베드로가 어떻게 예수님을 부인했는지를 기억합니다.
　　어떻게 "제자들이 다 예수를 버리고 도망했는지를" 기억합니다. (마가복음 14:50)
　　예수님이 채찍에 맞으신 것을 기억합니다.
　　예수님이 쓰신 가시 면류관을 기억합니다.
　　그들이 어떻게 예수님에게 침을 뱉었는지를 기억합니다.
　　그들이 어떻게 예수님의 머리를 지팡이로 쳤는지를 기억합니다.
　　예수님의 못 박히신 손과 발을 기억합니다.
　　예수님이 십자가 위에서 당하신 고통을 기억합니다.
　　예수님의 목마름을 기억합니다.
　　예수님이 "나의 하나님, 나의 하나님, 어찌하여 나를 버리셨나이까?" 하고 크게 소리 지르신 것을 기억합니다. (마가복음 15:34)

　　　　　"그가 어떤 고통을 참아야 했는지
　　　　　우리는 알 수도 없고 말할 수도 없네.

> But we believe it was for us
> He hung and suffered there."[7]

Grant, O most gracious God, that as I kneel before you I may be embraced in the great company of those whom you have saved and brought to life through the cross of Christ. Let the redeeming power that has flowed from his sufferings through so many generations now flow into my soul. Here let me find forgiveness of sin. Here let me learn to share with Christ the burden of the suffering world. Amen.

- *A Diary of Private Prayer*

그러나 우리는 그가 거기 달려 고난당함이
우리를 위한 것임을 믿네."[7]

오 지극히 은혜로우신 하나님, 지금 내가 주님 앞에 무릎을 꿇었습니다. 그리스도의 십자가를 통해 주님이 구원하시고 생명을 얻게 하신 허다한 사람들 중에 나도 있게 하옵소서. 수많은 세대를 통하여 그의 고난으로부터 흘러나온 구속의 능력이 이제 내 영혼으로도 흘러들어오게 하옵소서. 여기에서 내가 죄를 용서받은 것을 확인하게 하옵소서. 여기에서 고통 중에 있는 이 세상의 짐을 그리스도와 함께 나누어 지는 것을 배우게 하옵소서. 아멘.

SEVENTEENTH DAY   MORNING

ALMIGHTY God, you are always present in the world around me, in my spirit within me, and in the unseen world beyond me; let me carry with me through this day's life a most real sense of your power and glory.

O God around me, forbid that I should look at the work of your hands today and give no thought to you, the Maker. Let the heavens declare your glory to me and the hills speak of your majesty. Let every fleeting loveliness I see speak to me of a loveliness that does not fade. Let the beauty of the earth be to me a sacrament which makes real the beauty of holiness revealed in Jesus Christ my Lord.

O God within me, give me grace today to recognize the stirrings of your Spirit within my soul and to listen most attentively to all that you have to say to me. Do not let the noises of this world so confuse me that I cannot hear you speak. Help me never to deceive myself about the meaning of your commands; and so help me in all things to obey your will, through the grace of Jesus Christ my Lord.

O God beyond me, you dwell in unapproachable light. Teach me

제17일   아침

전능하신 하나님, 주님은 내 주위의 바깥 세계에도 계시고, 내 안의 내 영에도 계시며, 나를 초월한 보이지 않는 세계에도 계십니다. 내가 오늘 하루의 삶을 지날 때 주님의 능력과 영광을 아주 실감나게 의식하며 살게 하옵소서.

오 내 주위에 계신 하나님, 오늘 주님의 손으로 만드신 세상을 보면서도 그 창조주이신 주님을 생각하지 않는 일이 없게 하옵소서. 하늘이 나에게 주님의 영광을 선포하고 언덕이 주님의 장엄함을 말하게 하옵소서. 내가 보는 덧없는 모든 아름다운 것들이 사라지지 않는 주님의 영원한 아름다움을 내게 말하게 하옵소서. 지구의 아름다움이 내게 나의 주 예수 그리스도 안에 나타난 거룩한 아름다움을 실감나게 하는 성례전이 되게 하옵소서.

오 내 안에 계신 하나님, 오늘 나에게 은혜를 베푸시어 내 영혼 안에서 활동하시는 주님의 영을 알아보고 주님이 내게 꼭 말씀하시는 모든 것을 아주 주의깊게 들을 수 있게 하옵소서. 내가 이 세상의 소음에 너무 혼란스럽게 되어 주님이 말씀하시는 것을 못 듣지 않게 하옵소서. 주님의 명령의 의미를 잘못 생각하지 않게 도와주옵소서. 그래서 내 주 예수 그리스도의 은혜로 모든 일에 주님의 뜻에 순종하게 도와주옵소서.

오 나를 초월해 계신 하나님, 주님은 가까이 다가갈 수 없는 빛 가운데

that even my highest thoughts of you are but a dim and distant shadow of your transcendent glory. Teach me that if you are in nature, you are still greater than nature. Teach me that if you are in my heart, you are still greater than my heart. Let my soul rejoice in your mysterious greatness. Let me take refuge in the thought that you are utterly beyond me, beyond the sweep of my imagination, beyond the comprehension of my mind. Your judgments are unsearchable and your ways past finding out.[8]

O Lord, hallowed be your name. Amen.

- *A Diary of Private Prayer*

거하십니다. 주님에 대한 나의 최고의 생각조차도 단지 주의 초월적인 영광에 대한 희미하고 아련한 그림자에 지나지 않음을 내게 가르쳐 주옵소서. 주님이 자연에 계시더라도 주는 자연보다 훨씬 더 위대하신 분임을 내게 가르쳐 주옵소서. 주님이 내 마음에 계시더라도 주는 내 마음보다 훨씬 더 위대하신 분임을 가르쳐 주옵소서. 나의 영혼이 주님의 신비한 위대하심을 기뻐하게 하옵소서. 주님은 완전히 나를 초월해 계시고, 나의 상상의 범위를 초월해 계시며, 나의 정신의 이해력을 초월해 계신다는 생각이 나의 피난처가 되게 하옵소서. 주님의 판단은 탐지해낼 수 없고 주님의 길은 찾아낼 수 없음을 고백합니다.[8]

오 주님, 주의 이름이 거룩히 여김을 받으시옵소서. 아멘.

SEVENTEENTH DAY   EVENING

I BLESS you, most holy God, for your unfathomable love. Through that love you enable Spirit to meet with spirit, so that I, a weak and wandering mortal, can have ready access to your heart, the heart of the One who moves the stars.

With bitterness and anguish of heart, I acknowledge before you the ugly and selfish thoughts that I so often allow to enter my mind and to influence my actions.

I confess, O God—

that often I let my mind wander down unworthy and forbidden ways;
that often I deceive myself as to where my first duty lies;
that often, by concealing my real motives, I pretend to be better than I am;
that often my honesty is only a matter of policy;
that often my affection for my friends is only a refined way of caring for myself;
that often my sparing of my adversary is due to nothing more than cowardice;
that often I do good deeds only so they may be seen by others, and avoid evil ones only because I fear they may be found out.

제17일 저녁

지극히 거룩하신 하나님, 주의 헤아릴 수 없는 사랑으로 인하여 주님을 송축합니다. 그 사랑을 통해 주님은 성령을 인간의 영과 만날 수 있게 하셨습니다. 그래서 연약하고 방황하는 죽을 수 밖에 없는 내가 주님의 마음 곧 별들을 운행하시는 하나님의 마음에 바로 다가갈 수 있게 되었습니다.

이 시간 쓰라리고 비통한 마음으로 추악하고 이기적인 나의 생각들을 주님 앞에서 고백합니다. 이런 생각들은 정말 자주 내 마음속에 들어와 내 행실에 영향을 미치게 한 것입니다.
오 하나님, 이제 고백합니다.

자주 내 마음이 무가치하고 금지된 길로 빠져 방황하게 내버려 두었습니다.
자주 나의 첫 번째 의무가 무엇인지 잘못 생각했습니다.
자주 나의 진짜 동기를 숨김으로써 실제의 나보다 더 나은 사람인 척 하였습니다.
자주 나의 정직은 그저 하나의 수단의 문제일 뿐이었습니다.
자주 친구들에 대한 나의 우정은 단지 교묘한 형태의 자기 돌봄에 불과했습니다.
자주 내 적대자에게 자비를 베푼 것은 다만 비겁함 때문이었습니다.
자주 선행을 한 것은 그저 남에게 보이기 위해서였고, 악행을 피한 것은 단지 그 악행이 들통 날까 두려웠기 때문이었습니다.

O holy One, let the fire of your love enter my heart and burn up this tangled mass of meanness and hypocrisy and make my heart like the heart of a little child.

Give me grace, O God, to pray now, with a pure and sincere desire, for all those I have met today. Let me now remember my friends with love and my adversaries with forgiveness, entrusting them all, as I now entrust my own soul and body, to your protecting care; through Jesus Christ. Amen.

● *A Diary of Private Prayer*

오 거룩하신 하나님, 주님의 사랑의 불이 내 마음에 들어와 비열함과 위선으로 얽힌 이 뭉치를 불살라 주시고 내 마음을 어린 아이의 마음과 같이 되게 하여 주옵소서.

오 하나님, 나에게 은혜를 베푸시어 내가 오늘 만난 모든 사람들을 위해 순수하고 신실한 소원을 가지고 이제 기도하게 하옵소서. 지금 사랑하는 마음으로 내 친구들을 기억하게 하시고 용서하는 마음으로 내 적대자들을 기억하게 하옵소서. 그리고 이제 내가 나 자신의 영혼과 몸을 주님의 보호와 돌보심에 맡기듯이 그들 모두를 주님의 보호와 돌보심에 맡깁니다. 예수 그리스도의 이름으로 기도합니다. 아멘.

EIGHTEENTH DAY   MORNING

O LORD, your eternal presence is hidden behind the veil of nature, enlightens the mind of all people, and was made flesh in Jesus Christ our Lord. I thank you that he has left me an example to follow in his steps.

Jesus said, "Do not store up for yourselves treasures on earth ... but store up for yourselves treasures in heaven."
O God, move my heart to follow in this way.
Jesus said, "Strive first for the kingdom of God and his righteousness."
O God, move my heart to follow in this way.
Jesus said, "Do good ... and lend ... expecting to get nothing in return."
O God, move my heart to follow in this way.
Jesus said, "Love your enemies."

O God, move my heart to follow in this way.
[Jesus said, "Watch and pray, that ye enter not into temptation."

O God, incline my heart to follow in this way.]
Jesus said, "Do not fear. Only believe ..."

제18일 아침

오 하나님, 주의 영원한 임재를 통하여 주님은 자연의 휘장 뒤에 숨어 계시고, 모든 인간의 정신을 깨우치시며, 또한 우리 주 예수 그리스도 안에서 육신이 되셨습니다. 예수님이 그의 발걸음대로 따라오도록 내게 모범을 남겨주신 것을 감사드립니다.

예수께서 말씀하셨습니다. "너희를 위하여 보물을 땅에 쌓아 두지 말라 ... 오직 너희를 위하여 보물을 하늘에 쌓아 두라." (마태복음 6:19-20)
오 하나님, 내 마음이 이 길을 따르게 하옵소서.
예수께서 말씀하셨습니다. "너희는 먼저 그의 나라와 그의 의를 구하라." (마태복음 6:33)
오 하나님, 내 마음이 이 길을 따르게 하옵소서.
예수께서 말씀하셨습니다. "오직 너희는 ... 선대하며 아무 것도 바라지 말고 꾸어 주라." (누가복음 6:35)
오 하나님, 내 마음이 이 길을 따르게 하옵소서.
예수께서 말씀하셨습니다. "너희 원수를 사랑하라." (마태복음 5:44, 누가복음 6:27)
오 하나님, 내 마음이 이 길을 따르게 하옵소서.
[예수께서 말씀하셨습니다. "시험에 들지 않게 깨어 기도하라." (마태복음 26:41)
오 하나님, 내 마음이 이 길을 따르게 하옵소서.]
예수께서 말씀하셨습니다. "두려워하지 말고 믿기만 하라." (마가복음 5:36, 누가복음 8:50)

O God, move my heart to follow in this way.

Jesus said, "Unless you change and become like children, you will never enter the kingdom of heaven."

O God, move my heart to follow in this way.

Jesus said, "Ask, and it will be given to you; search, and you will find; knock, and the door will be opened for you."

O God, move my heart to follow in this way.

"Our Father in heaven, hallowed be your name, your kingdom come, your will be done on earth as it is in heaven. Give us today our daily bread. And forgive us our sins, as we forgive those who sin against us. And do not lead us into temptation, but deliver us from evil. For the kingdom, the power, and the glory are yours now and forever. Amen."

- *A Diary of Private Prayer*

오 하나님, 내 마음이 이 길을 따르게 하옵소서.
예수께서 말씀하셨습니다. "너희가 돌이켜 어린 아이들과 같이 되지 아니하면 결단코 천국에 들어가지 못하리라." (마태복음 18:3)
오 하나님, 내 마음이 이 길을 따르게 하옵소서.
예수께서 말씀하셨습니다. "구하라 그리하면 너희에게 주실 것이요 찾으라 그리하면 찾아낼 것이요 문을 두드리라 그리하면 너희에게 열릴 것이니라." (마태복음 7:7, 누가복음 11:9)
오 하나님, 내 마음이 이 길을 따르게 하옵소서.

"하늘에 계신 우리 아버지, 아버지의 이름을 거룩하게 하시며 아버지의 나라가 오게 하시며, 아버지의 뜻이 하늘에서와 같이 땅에서도 이루어지게 하소서. 오늘 우리에게 일용할 양식을 주시고, 우리가 우리에게 잘못한 사람을 용서하여 준 것 같이, 우리 죄를 용서하여 주시고, 우리를 시험에 빠지지 않게 하시고, 악에서 구하소서. 나라와 권능과 영광이 영원히 아버지의 것입니다. 아멘." (마태복음 6:9-13)

EIGHTEENTH DAY   EVENING

O DIVINE Father, your mercy is always waiting for those who return to you in true humility and repentance of heart. So I ask you now to hear this humble seeker who needs your help. How confidently I set out this morning into the life of a new day; now I lie down ashamed and burdened with memories of things undone that ought to have been done and things done that ought not to have been done. Bring me afresh, O God, your healing and cleansing power, so that again I may take hold of the salvation which you have offered to me through Jesus Christ my Lord.

Have mercy upon me, O God—

> for my deceitful heart and crooked thoughts;
> for harsh words spoken deliberately;
> for thoughtless words spoken hastily;
> for envious and prying eyes;
> for ears that rejoice in what is wrong, and do not rejoice in the truth;
> for greedy hands;
> for feet that have been lazy and gone into the wrong places;
> for proud and disdainful looks.

제18일 저녁

오 하나님 아버지, 주님은 진정으로 겸손하고 회개하는 마음으로 주께 돌아오는 이들을 언제나 자비로 기다려 주십니다. 그래서 이 시간 주님의 도움이 필요해서 겸손하게 구하는 이 기도자의 소리를 들어 주옵소서. 오늘 아침 나는 정말 자신 있게 새로운 하루의 삶을 시작했습니다. 그러나 오늘 마땅히 했어야 하는데 하지 못한 일들과 하지 말았어야 하는 데 한 일들을 기억하면서 지금 나는 부끄럽고 부담스러운 심정으로 이렇게 누워 있습니다. 오 하나님, 주님의 치유하시고 정결하게 하시는 능력으로 나를 새롭게 하옵소서. 그리하여 주님이 나의 주 예수 그리스도를 통해 내게 주신 구원을 다시금 굳게 붙잡게 하옵소서.

오 하나님, 나에게 자비를 베푸소서.

나의 속이는 마음과 삐뚤어진 생각에,
의도적으로 내뱉은 가시 돋친 말들에,
성급하게 던진 경솔한 말들에,
질투하며 엿보기 좋아하는 눈에,
잘못된 것을 기뻐하고 진실을 기뻐하지 않는 귀에,
욕심 많은 손에,
빈둥거리다 잘못된 장소에 들어간 발에,
거만하고 경멸하는 표정에,
이러한 나에게 자비를 베푸소서.

"If we say that we have no sin, we deceive ourselves, and the truth is not in us."

Almighty God, Spirit of purity and grace, in asking your forgiveness I cannot claim a right to be forgiven but can only cast myself on your boundless love.

> I can plead no merit of my own;
> I can plead no extenuating circumstance;
> I cannot plead the frailty of my nature;
> I cannot plead the force of the temptations I encounter;
> I cannot plead the pressure of others who led me astray;
> I can only say, for the sake of Jesus Christ, your Son, my Lord. Amen.

● *A Diary of Private Prayer*

"만일 우리가 죄가 없다고 말하면 스스로 속이고 또 진리가 우리 속에 있지 아니할 것이요." (요한일서 1:8)

전능하신 하나님, 순수함과 은혜의 영이시여, 주님의 용서를 구할 때 나는 용서 받을 수 있는 권리를 주장하지 못하오며, 다만 나 자신을 주님의 무한하신 사랑에 내어맡길 수 있을 따름입니다.

나는 나 자신의 어떠한 공로도 인정해달라고 간청할 수 없습니다.
나는 어떠한 정상도 참작해달라고 간청할 수 없습니다.
나는 내 연약한 본성으로도 간청할 수 없습니다.
나는 내가 만난 유혹들이 너무 강했다는 변명으로도 간청할 수 없습니다.
나는 나를 미혹시킨 다른 사람들의 압력이 워낙 컸다는 변명으로도 간청할 수 없습니다.
오로지 나는 이렇게 말할 수 있을 뿐입니다.
하나님의 아들, 나의 주 예수 그리스도를 통해서만 용서를 구할 수 있습니다. 아멘.

NINETEENTH DAY   MORNING

I BLESS you, most gracious God, that again you have brought light out of darkness and caused the morning to appear! I bless you, because you send me out, in health and life, to the duties and activities of another day! Lord, I ask you to go with me through all the sunlit hours and pretect me from every evil way, so that when evening comes, I do not need to hide my head in shame.

Lord, in your gracious love you have called me to be your servant, and I hold myself in readiness today for even your smallest command. Give me the spirit to keep myself in continual training for the prompt fulfillment of your most holy will.

Help me keep the edges of my mind keen;
Help me keep my thinking straight and true;
Help me keep my passions in control;
Help me keep my will active;
Help me keep my body fit and healthy;
Help me remember him whose food it was to do the will of the One who sent him.

O Lord of every workplace, bless all who truly desire to serve you by being diligent and faithful in their many callings, bearing

제19일　아침

지극히 은혜로우신 하나님, 주님을 송축합니다. 다시금 주께서는 어둠으로부터 빛을 나오게 하시어 아침이 오게 하셨습니다! 주님을 거듭 송축합니다. 주께서는 나에게 건강과 활기를 주셔서 또 하루의 의무를 다하고 활동을 하도록 나를 일터로 보내십니다! 주님, 주께 구하오니 오늘 아침부터 저녁까지 내내 나와 동행하셔서 모든 악한 길에서 나를 보호하옵소서. 그래서 저녁이 왔을 때 내가 수치심으로 내 머리를 감추지 않게 하옵소서.

주여, 주님은 은혜로우신 사랑으로 나를 주의 종으로 불러 주셨습니다. 그래서 나는 오늘 주님의 가장 작은 명령이라도 순종할 준비가 되어 있습니다. 주님의 지극히 거룩하신 뜻을 신속하게 성취할 수 있도록 나 자신이 훈련을 계속하는 정신을 나에게 주옵소서.

　　내 정신을 계속 예민하게 유지하도록 도와주소서.
　　내 생각이 계속 이치에 맞고 진실하도록 도와주소서.
　　내 열정을 계속 통제하도록 도와주소서.
　　내 의지를 계속 활발하게 펴도록 도와주소서.
　　내 몸이 계속 건강한 상태에 있도록 도와주소서.
　　"나의 양식은 나를 보내신 이의 뜻을 행하는 것이다."(요한복음 4:34) 라고 말씀하신 예수님을 늘 기억하도록 도와주소서.

모든 일터의 주인이신 하나님, 자신들의 많은 부르심을 부지런하고 충실하게 감당하고, 자기들 몫으로 맡겨진 세상 짐을 지고, 단순하고 정직한 마

their share of the world's burden and going about their daily tasks with simplicity and uprightness of heart.

Dear Lord, I pray—

for all who work on the land and with nature;
for all whose work involves sheer physical labor in factories, building sites, mines, and transport;
for all who buy and sell in the marketplace;
for all who labor with their mind;
for all who labor with their pens and computers;
for all whose work is the caring ministry of home and family.

In your great mercy, save us all from the temptations that constantly surround us, and bring us to everlasting life, by the power of the cross. Amen.

● *A Diary of Private Prayer*

음으로 자신들의 일과를 수행함으로써 주님을 진실로 섬기기 원하는 모든 이들에게 복을 내려주옵소서.

사랑하는 주여, 내가 이제 이러한 사람들을 위해 기도합니다.

땅 위에서 자연과 더불어 일하는 모든 사람들을 위해,
공장과 건축 현장과 광산과 운송업계에서 순전히 육체노동으로 일하는 모든 사람들을 위해,
시장에서 물건을 사고파는 모든 사람들을 위해,
정신노동을 하는 모든 사람들을 위해,
펜과 컴퓨터로 일하는 모든 사람들을 위해,
가정과 가족을 돌보는 사역에 종사하는 모든 사람들을 위해,
기도합니다.

주님의 크신 자비로 우리를 끊임없이 에워싸는 유혹들에서 우리 모두를 구해 주시고, 십자가의 능력으로 우리를 영생으로 인도해 주옵소서. 아멘.

NINETEENTH DAY EVENING

MOST gracious God, I rejoice in the love you have shown to our poor human race, opening up to us a path of deliverance from our sin and foolishness.

O God the Father, I praise you for your great and holy love. When we had utterly gone astray, you diligently sought us out and saved us, sending your beloved Son to suffer and die so that we might be restored into fellowship with you.

O God the Son, I praise you for your great and holy love. You humbled yourself for the sake of me and all people; you shared in our common life; you dwelt in the midst of all our sin and shame. You endured all the bitterness of the passion and died at last on the cross, so that we might be released from the shackles of sin and enter with you into the glorious freedom of the children of God.

O God the Holy Spirit, I praise you for your great and holy love. You daily pour into my heart the peace and joy of sin forgiven, so that I may share with all the saints in the blessings of my Lord's incarnation, of his passion and crucifixion, and of his resurrection and ascension to the Father's right hand.

제19일 저녁

지극히 은혜로우신 하나님, 우리의 죄와 어리석음에서 구원받는 길을 우리에게 열어 주심으로 주님이 우리 불쌍한 인류에게 보여주신 그 사랑으로 인하여 나는 기뻐합니다.

오 성부 하나님, 나는 주의 위대하고 거룩하신 사랑으로 인해 주님을 찬양합니다. 우리가 완전히 길을 잃었을 때 주님은 주의 사랑하는 아들을 보내시어 고난을 받고 죽게 하심으로 우리가 주님과의 교제를 회복하도록 우리를 열심히 찾아오셔서 구원해 주셨습니다.

오 성자 하나님, 나는 주의 위대하고 거룩하신 사랑으로 인해 주님을 찬양합니다. 주님은 나와 모든 사람을 위해서 자기 자신을 낮추셨습니다. 주님은 우리와 같은 평범한 삶을 사셨으며 우리의 모든 죄와 수치 한가운데에 거하셨습니다. 주님은 모든 극심한 고난을 견디시고 마지막에는 십자가에서 죽으셨습니다. 그 결과 우리는 죄의 속박에서 풀려나 하나님의 자녀가 되는 영광스러운 자유를 주님과 함께 누리게 되었습니다.

오 성령 하나님, 나는 주의 위대하고 거룩하신 사랑으로 인해 주님을 찬양합니다. 주님은 죄가 용서받은 평화와 기쁨을 날마다 내 마음 속에 부어 주십니다. 그 결과 나의 주 예수님의 성육신, 그의 수난과 십자가상의 죽으심, 그리고 그의 부활과 승천으로 아버지 우편에 앉으심과 같은 그러한 축복에 모든 성도들과 함께 나도 참여하게 되었습니다.

O holy and blessed Trinity, help me to dwell so fully in the mystery of this heavenly love that all hatred and malice may be rooted out from my heart and life. Help me to love you, as you first loved me; and in loving you help me also to love my neighbor; and in loving you and my neighbor help me to be saved from all false love of myself; and to you, Father, Son, and Holy Spirit, be all glory and praise forever. Amen.

● *A Diary of Private Prayer*

오 거룩하고 복되신 삼위일체 하나님, 내가 이 하나님의 사랑의 신비 안에 완전히 거하도록 도와주셔서 모든 미움과 악의가 내 마음과 삶에서 근절되게 하옵소서. 주님이 먼저 나를 사랑하신 것같이 나도 주님을 사랑하게 도와주옵소서. 그리고 주님을 사랑함으로써 내가 내 이웃도 사랑하게 도와주옵소서. 또한 주님과 내 이웃을 사랑함으로써 내가 모든 거짓된 자기 사랑에서 구원받게 도와주옵소서. 성부와 성자와 성령으로 계신 주님께 모든 영광과 찬양이 영원히 있기를 원합니다. 아멘.

TWENTIETH DAY MORNING

ALMIGHTY God, in your infinite wisdom you have set my life within the narrow bounds of time and circumstance; so let me now go out into the world with a brave and trusting heart. It has pleased you to hold back from me a knowledge of everything; therefore give me the grace of faith so that I may grasp what I cannot see. You have given me little power to shape things to my own desires; therefore use your own great power to make what you desire happen within me. It is your will that through hard work and suffering I should walk the upward road; so be my fellow traveler as I go.

Let me face what you send with the strength you supply;
When you make what I do effective, help me to ensure that your word is effective in my heart;
When you call me to go through the dark valley, do not let me persuade myself that I know a way around;
Help me not to refuse any opportunity to help other people that may come today, nor fall into any temptation that may lie in wait for me;
Do not let the sins of yesterday be repeated in the life of today, or the life of today set any evil example to the life of tomorrow.

제20일   아침

　전능하신 하나님, 주님은 무한하신 지혜로 내가 이 제한된 시간과 환경 내에서 살도록 정해 주셨습니다. 그래서 이제 내가 용기 있고 신뢰하는 마음을 가지고 세상으로 나아가게 하옵소서. 나에게 만물에 대한 지식을 허락하지 않는 것이 주님이 기뻐하시는 뜻이었습니다. 그러므로 내가 볼 수 없는 것을 파악할 수 있도록 믿음의 은혜를 내게 주옵소서. 주님은 나 자신이 원하는 대로 일을 진행할 수 있는 능력을 내게 거의 주시지 않았습니다. 그러므로 주님 자신의 위대하신 능력을 사용하여 내 안에서 주님이 원하시는 것이 이루어지게 하옵소서. 주님의 뜻은 내가 노고와 고통을 통해 믿음이 상승하는 길을 걸어가는 것이니 주께서 내 인생의 여정에 동행자가 되어 주옵소서.

　주님이 맡기시는 일을 주께서 주시는 능력으로 대처하게 하옵소서. 주님이 내가 하는 일을 성공하게 하실 때, 주의 말씀도 내 마음 안에서 성공적인 영향을 확실히 주도록 나를 도와주옵소서.
　주님이 나를 불러 어두운 골짜기를 지나게 하실 때, 내가 그곳을 피해가는 길을 안다고 확신하지 않게 하옵소서.
　오늘 내게 올지도 모를, 다른 사람들을 도울 수 있는 어떠한 기회도 내가 거절하거나 나를 숨어서 기다릴지도 모를 어떠한 유혹에도 내가 빠지지 않게 도와주옵소서.
　어제의 죄가 오늘의 삶에서 반복되지 않게 하시고, 오늘의 삶이 내일의 삶에 그 어떤 악한 본보기도 되지 않게 하옵소서.

O God of my ancestors, in every age you have enlightened the souls of the faithful. Thank you for the gift of shared memories through which the great stories of the past live with us today. Thank you for the lives of the saints, and for the help I can gain from their example. Thank you for the memory of ＿ and ＿ ; for the apostles, prophets, and martyrs; but most of all for the incarnation of your dear Son, in whose name these prayers are said. Amen.

- *A Diary of Private Prayer*

오 나의 조상들의 하나님, 모든 시대마다 주님은 충실한 신자들의 영혼을 밝혀 주셨습니다. 이들에 관해 함께 나누는 기억의 선물을 통해서 과거의 위대한 이야기들이 오늘 우리와 함께 살아있게 되어서 주님께 감사드립니다. 성도들의 삶과 그들의 모범에서 얻을 수 있는 도움으로 인해 주님께 감사드립니다. 또한 ___ 와 ___ 에 대한 기억으로 인해 주님께 감사드립니다. 나아가 사도들과 예언자들과 순교자들로 인해 주님께 감사드립니다. 그러나 무엇보다도 주의 사랑하는 아들의 성육신으로 인해 주님께 감사드립니다. 예수 그리스도의 이름으로 기도합니다. 아멘.

TWENTIETH DAY EVENING

"I CALL upon you, O Lord: come quickly to me; give ear to my voice when I call to you. Let my prayer be counted as incense before you, and the lifting up of my hands as an evening sacrifice."

"O Lord, open my lips,
and my mouth will declare your praise."

"Bless the Lord, O my soul, and do not forget all his benefits:
who forgives all your iniquity;
who heals all your diseases;
who redeems your life from the pit;
who crowns you with steadfast love and mercy;
who satisfies you with good as long as you live so that your youth is renewed like the eagle's."

"But who can detect their errors? Clear me from hidden faults. Keep back your servant also from the insolent; do not let them have dominion over me. Then I shall be blameless, and innocent of great transgression."

"Have mercy on me, O God, according to your steadfast love; according to your abundant mercy blot out my transgressions.

제20일 저녁

"여호와여 내가 주를 불렀사오니 속히 내게 오시옵소서. 내가 주께 부르 짖을 때에 내 음성에 귀를 기울이소서. 나의 기도가 주의 앞에 분향함과 같이 되며 나의 손드는 것이 저녁 제사 같이 되게 하소서." (시편 141:1-2)

"주여 내 입술을 열어 주소서.
내 입이 주를 찬송하여 전파하리이다."(시편 51:15)

"내 영혼아 여호와를 송축하며 그의 모든 은택을 잊지 말지어다.
그가 네 모든 죄악을 사하시며
네 모든 병을 고치시며
네 생명을 파멸에서 속량하시고
인자와 긍휼로 관을 씌우시며
좋은 것으로 네 소원을 만족하게 하사 네 청춘을 독수리 같이 새롭게 하시는도다." (시편 103:2-5)

"자기 허물을 능히 깨달을 자 누구리요? 나를 숨은 허물에서 벗어나게 하소서. 또 주의 종에게 고의로 죄를 짓지 말게 하사 그 죄가 나를 주장하지 못하게 하소서. 그리하면 내가 정직하여 큰 죄과에서 벗어나겠나이다." (시편 19:12-13)

"하나님이여 주의 인자를 따라 내게 은혜를 베푸시며 주의 많은 긍휼을 따라 내 죄악을 지워 주소서. 나의 죄악을 말갛게 씻으시며 나의 죄를 깨

Wash me thoroughly from my iniquity, and cleanse me from my sin. For I know my transgressions, and my sin is ever before me".

"Be to me a rock of refuge, a strong fortress, to save me, for you are my rock and my fortress."

["So will I sing praise unto thy name for ever, that I may daily perform my vows."]

"I will both lie down and sleep in peace; for you alone, O Lord, make me lie down in safety". Amen.

- *A Diary of Private Prayer*

끗이 제하소서. 무릇 나는 내 죄과를 아오니 내 죄가 항상 내 앞에 있나이다." (시편 51:1-3)

"내게 견고한 바위와 구원하는 산성이 되소서. 주는 나의 반석과 산성이시니이다." (시편 31:2-3)

"[그리하시면 내가 주의 이름을 영원히 찬양하며 매일 나의 서원을 이행하리이다.]" (시편 61:8)

"내가 평안히 눕고 자기도 하리니 나를 안전히 살게 하시는 이는 오직 여호와이시니이다." (시편 4:8) 아멘.

TWENTY-FIRST DAY   MORNING

O HOLY Spirit, visit my soul and stay within me all day. Inspire all my thoughts. Pervade all my imaginations. Suggest all my decisions. Make your home in the most secret place of my will and inspire all my actions. Be with me in my silence and in my speech, in my hurry and in my leisure, in company and in solitude, in the freshness of the morning and in the weariness of the evening; and give me grace at all times to rejoice in the comforting mystery of your companionship.

"My heart an altar, and Thy love the flame."[9)]

O Spirit unseen, be with me today wherever I go, but also stay with me when I am at home and among my family. Do not let me fail to show those nearest me the sympathy and consideration that you graciously help me to show other people. Do not let me refuse to show those closest to me the courtesy and kindness which I would show to strangers. Let charity begin at home today.

Do not leave me, gracious Presence, while I am absorbing information, through reading books or through the media—newspapers, radio, television, film, and the Internet. Guide me to choose the right books, papers, and programs, and having chosen

제21일   아침

오, 성령님, 내 영혼을 찾아오셔서 오늘 하루 종일 내 안에 머무시옵소서. 나의 모든 생각에 영감을 주옵소서. 나의 모든 상상력을 가득 채워 주옵소서. 나의 모든 결정을 인도하옵소서. 내 의지의 가장 은밀한 곳에 계셔서 나의 모든 행위에 영감을 주옵소서. 내가 침묵할 때나 말할 때나, 바쁠 때나 한가할 때나, 사람들과 함께 있을 때나 홀로 있을 때나, 신선한 아침때나 피로한 저녁때나 나와 함께 계시옵소서. 그리고 주님의 동행하심이 내게 격려가 되는 이 신비로움을 항상 기뻐하도록 은혜를 베풀어 주옵소서.

"나의 마음은 제단이요, 주님의 사랑은 불꽃입니다."[9)]

오, 보이지 않는 영이시여, 오늘 내가 어디로 가든지 나와 함께 계시옵소서. 또한 내가 집에서 나의 가족과 같이 있을 때에도 나와 함께 머물러 주옵소서. 주님의 은혜로 내가 도움을 받아 다른 사람들에게 베풀수 있는 동정과 배려를 나와 가장 가까이 있는 이들에게 반드시 베풀게 하옵소서. 내가 낯선 이들에게 베풀고 싶은 예의와 친절을 나와 가장 친밀한 사람들에게 꼭 베풀게 하옵소서. 오늘 자선이 가정에서 시작되게 하옵소서.

은혜로운 임재로 나타나시는 하나님, 오늘 내가 독서를 통해서나 미디어 곧 신문, 라디오, 텔레비전, 영화 및 인터넷을 통해서 정보를 흡수하는 동안 나를 떠나지 마옵소서. 내가 올바른 책들과 신문들과 프로그램들을 선택하도록 인도하시고, 선택한 그 자료들에서 얻는 정보를 올바른 방법으로 사용

them, to use the information they offer in the right way. When I study, grant that all the knowledge I gain may lead me nearer to you. When I read, watch, or listen for recreation, grant that what I read, see, and hear may not lead me away from you. Let all the knowledge I absorb refresh my mind in a way that makes me more eagerly seek whatever is pure and fair and true.

Give me a special sense of your nearness to me, O God, in all the times I devote to private prayer, to sharing in public worship, or to receiving the blessed sacrament; through Jesus Christ my Lord. Amen.

• *A Diary of Private Prayer*

하도록 인도하옵소서. 내가 공부할 때 얻는 모든 지식을 통해서 주님께 더 가까이 나아가게 하옵소서. 내가 인쇄된 매체를 읽거나 시청각 매체를 보거나 기분 전환을 위해 음악을 들을 때 내가 읽고 보고 듣는 것을 통해서 주님으로부터 멀어지지 않게 하옵소서. 내가 흡수하는 모든 지식을 통해서 내 정신이 새로운 활력을 받아 순수하고 공정하며 진실한 것이면 무엇이든지 더욱 열심히 추구하게 하옵소서.

오 하나님, 내가 개인기도에 전념할 때나, 공중예배에 참여할 때나, 복된 성찬을 받을 때나 항상 주님이 내 곁에 가까이 계신다는 특별한 의식을 갖게 하옵소서. 나의 주 예수 그리스도의 이름으로 기도합니다. 아멘.

TWENTY-FIRST DAY EVENING

O CREATOR of all things, I lift up my heart in gratitude to you for the happiness I have found today:

For the sheer joy of living;
For all the sights and sounds around me;
For the sweet peace of the country and the bustle of the town;
For friendship and good company;
For work to do and the skill and strength to do it;
For a time to rest and play and for health and a glad heart to enjoy it.

Yet let me never think, O eternal Father, that I am here to stay. Let me always remember that I am a stranger and pilgrim on earth. "For here we have no lasting city, but we are looking for the city that is to come." Lord, by your grace prevent me from losing myself so much in the joys of earth that I have no longing left for the purer joys of heaven. Do not let the happiness of today become a trap to my overworldly heart. And if today instead of happiness I have suffered any disappointment or defeat, if there has been any sorrow where I hoped for joy, or sickness where I looked for health, give me grace to accept it as a loving reminder that this is not my home.

제21일 저녁

오 만물의 창조주 하나님, 내가 오늘 찾은 행복으로 인하여 주님께 감사하는 마음을 올려 드립니다.

살아있다는 순전한 기쁨으로 인하여,
내 주위의 모든 풍경과 소리들로 인하여,
시골의 달콤한 평온과 도시의 북적거림으로 인하여,
우정과 좋은 교제로 인하여,
해야 할 일과 그것을 할 수 있는 기술과 힘으로 인하여,
쉬고 놀 수 있는 시간과 그것을 즐길 수 있는 건강과 기쁜 마음으로 인하여, 주님께 감사드립니다.

오 영원하신 아버지, 하지만 내가 여기에서 줄곧 머물러 산다는 생각을 결코 하지 않게 하옵소서. 내가 이 땅에서 나그네요 순례자임을 언제나 기억하게 하옵소서. "우리가 여기에는 영구한 도성이 없으므로 장차 올 것을 찾느니라"(히브리서 13:14). 주여, 주님의 은혜로 나를 막아주셔서 내가 이 땅의 기쁨에 너무 열중한 나머지 하늘의 보다 더 순수한 기쁨을 아예 갈망하지 않는 일이 생기지 않게 하옵소서. 오늘의 행복이 내 마음을 너무나 세상적인 데로 빠트리는 함정이 되지 않게 하옵소서. 그리고 비록 오늘 내가 행복을 기대했는데 어떤 실망이나 실패를 겪었더라도, 비록 내가 기쁨을 바랐는데 어떤 슬픔을 만났더라도, 혹은 내가 건강을 구했는데 질병이 찾아왔더라도, 내게 은혜를 베푸셔서 이 모든 것이 이곳이 나의 집이 아니라는 사실을 사랑으로 일깨우시려는 주의 뜻으로 받아들이게 하옵소서.

Thank you, Lord, that you have set eternity so firmly in my heart that no earthly thing can ever fully satisfy me. Thank you that every present joy is so mixed with sadness and unrest that it makes my mind look up to the prospect of a more perfect joy. Above all, thank you for the sure hope and promise of eternal life in your presence, which you have given me in the glorious gospel of Jesus Christ my Lord. Amen.

● *A Diary of Private Prayer*

주님, 주께서 내 마음 속에 영원을 너무나 확고하게 심어 놓으셔서 땅에 속한 어떤 것도 결코 나를 완전히 만족시키지 못하게 하시니 감사드립니다. 내 모든 현재의 기쁨에는 슬픔과 불안이 늘 찾아오게 마련이어서 내 마음이 더욱 완전한 하늘의 기쁨을 기대하게 하시니 주님께 감사드립니다. 무엇보다도 하나님께서 나의 주 예수 그리스도의 영광스러운 복음 안에서 내게 주신, 주님의 임재와 함께 누리는 영생에 대한 확실한 소망과 약속으로 인하여 주님께 감사드립니다. 아멘.

TWENTY-SECOND DAY   MORNING

O LORD my God, I kneel before you in humble adoration as I set out to face the tasks and interests of another day. Thank you for the blessed assurance that I shall not be called upon to face them alone or in my own strength, but that at all times I will be accompanied by your presence and strengthened by your grace.

Thank you that throughout our human life run the footprints of our Lord and Savior Jesus Christ, who for our sake was made flesh and tasted all the different challenges of humanity. Thank you that as I go about my work today, I can be conscious of the spiritual presence of the heavenly host. Thank you for the saints who rest from their labors, the patriarchs, prophets, and apostles, for the noble martyrs, for all holy and humble people, for my own dear departed friends, especially ___. As I remember them I bless and adore your great name.

I rejoice, O God, that you have called me to be a member of the Church of Christ. Let the awareness of this holy fellowship follow me wherever I go, cheering me in loneliness, protecting me in company, strengthening me against temptation, and encouraging me to act in love and justice.

제22일   아침

오 주 나의 하나님, 나는 또 하루의 일과와 관심사들을 시작하기 전에 주님 앞에 겸손히 경배하며 무릎을 꿇습니다. 내가 이 일들을 할 때 나 혼자 하거나 나 자신의 힘으로 하게 되어 있는 것이 아니라 언제나 내가 주님과 동행하면서 주님의 은혜로 강한 힘을 얻어 하게 될 것이라는 복된 확신을 주셔서 감사드립니다.

우리의 주와 구주가 되시는 예수 그리스도께서 우리를 위해 육신을 입고 이 세상에 오셔서 인간으로서 받는 모든 다른 시련들을 경험하셨습니다. 그런데 오늘날 이 예수 그리스도의 발자취가 우리 인간의 삶 전체를 통해 퍼지고 있음으로 인하여 하나님께 감사드립니다. 또한 내가 오늘 일할 때 천군천사들의 영적인 임재를 의식할 수 있음으로 인하여 주님께 감사드립니다. 나아가 자기들의 수고를 마치고 안식하고 있는 성도들, 이스라엘의 족장들, 예언자들과 사도들, 숭고한 순교자들, 모든 거룩하고 겸손한 사람들, 세상을 떠난 나의 사랑하는 친구들, 특히 ＿ 로 인하여 주님께 감사드립니다. 그들을 기억하면서 나는 주님의 위대하신 이름을 송축하고 경배합니다.

오 하나님, 주께서 나를 그리스도 교회의 일원으로 불러주신 것을 기뻐합니다. 내가 어디로 가든지 성도들과 이렇게 거룩한 교제를 나누고 있다는 것을 의식함으로써 외로울 때 힘을 내게 하시고, 사람들과 함께 있을 때 나를 보호하시며, 유혹을 받을 때 맞설 힘을 주시고, 나를 격려하시어 사랑과 정의로 행동하게 하옵소서.

O Lord Jesus Christ, you called the disciples to shine as lights in a dark world. In shame and repentance of heart I acknowledge before you the many faults and weaknesses of which we are guilty, we who in this generation represent your Church to the world. I especially acknowledge my own part in this.

Forgive me, I pray, the feebleness of my own witness, the meagerness of my giving and my loving, and the mediocrity of my zeal. Make me a more worthy follower of the One who cared for the poor and the oppressed, [and who could never see disease without seeking to heal it or any kind of human need without turning aside to help.] Let your power, O Christ, be in us all, to share the world's suffering and redress its wrongs. Amen.

• *A Diary of Private Prayer*

오 주 예수 그리스도여, 주님은 어두운 세상에 빛을 비추도록 제자들을 부르셨습니다. 하지만 이 세대에서 세상을 향해 주님의 교회를 대표하는 우리가 범한 많은 잘못과 나약함을 부끄럽고 회개하는 마음으로 주님 앞에 고백합니다. 특별히 나 자신도 이러한 범죄에 동참했음을 고백합니다.

이제 기도하오니, 나 자신의 증언이 미약했으며 나의 기부와 사랑이 빈약했으며 나의 열정이 평범했음을 용서해 주옵소서. 예수님은 가난한 자들과 억압 받는 자들을 돌보아주셨고, [병자들을 보시고도 결코 고쳐주시지 않은 적이 없으셨으며, 어떤 종류의 인간의 곤경을 보시고도 결코 도움을 거절하신 적이 없으셨습니다.] 내가 이러한 예수님의 더욱 합당한 제자가 되게 하옵소서. 오 그리스도여, 주님의 능력이 우리 모두 안에 함께 있어서 우리가 이 세상의 고통을 함께 분담하고 그 잘못된 것들을 바로잡게 하옵소서. 아멘.

TWENTY-SECOND DAY   EVENING

NOW, O Lord, when the day's work is done, I turn once more to you. All comes from you, all lives in you, all ends in you. In the morning I set out with your blessing, all day you have upheld me by your grace, and now I pray that you will grant me rest and peace. I cast all my cares upon you and leave to you the outcome of all my work. I pray that you will prosper all that has been done today in accordance with your will, and forgive all that has been done wrong. What good I have done today, graciously accept and use; and if I have done any harm, annul and overrule it by your almighty power.

O Lord, I remember before you tonight all the workers of the world:

Those whose work is mainly physical and those whose work is mainly intellectual;
Those working in the cities or on the land;
Those who go out to work and those who keep the home;
Employers and employees;
Those who give orders and those who obey;
Those whose work is dangerous;
Those whose work is monotonous or demeaning;

제22일 저녁

오 주님, 오늘 하루의 일을 다 마친 지금, 나는 다시 한 번 주께로 향합니다. 모든 것이 주께로부터 나오고, 모든 것이 주 안에서 살며, 모든 것이 주 안에서 끝납니다. 아침에 나는 주의 복을 받으며 하루를 시작하였고, 온종일 주님은 주의 은혜로 나를 지탱해주셨습니다. 이제 기도하오니 나에게 휴식과 평안을 주옵소서. 내 모든 근심을 주님께 의탁하며 내 모든 일의 결과도 주님께 맡깁니다. 거듭 기도하오니 오늘 주의 뜻대로 행한 것은 모두 잘 되게 하시고 잘못 행한 것은 모두 용서해 주옵소서. 오늘 내가 무슨 선한 일을 했으면 은혜롭게 받아주시고 사용해 주옵소서. 그리고 만일 내가 어떤 해로운 일을 했으면 주의 전능하신 능력으로 취소하고 폐기해 주옵소서.

오 주님, 오늘밤 주 앞에서 이 세상의 모든 근로자들을 기억합니다.

주로 육체노동을 하는 이들과 주로 정신노동을 하는 이들을,
도시나 시골에서 일하는 이들을,
일하러 나가는 이들과 가사를 돌보는 이들을,
고용주들과 고용된 이들을,
명령을 내리는 이들과 복종하는 이들을,
위험한 일을 하는 이들을,
단조로운 일이나 비천한 일을 하는 이들을,

Those who work against their will for little or no pay;

Those who can find no work to do;
Those whose work is the service of the poor or the healing of the sick or the proclamation of the gospel of Christ at home or overseas.

Lord Jesus, who came not to be served but to serve, have mercy on all who work faithfully to serve the common good. Lord Jesus, who fed hungry crowds with loaves and fishes, have mercy on all those who have to endure physical hardship to earn their bread for a single day. Lord Jesus, who called all those who are weary and carrying heavy burdens to come to you, have mercy upon all those whose work is beyond their strength. And to you, with the Father and the Holy Spirit, be all the glory and praise. Amen.

- *A Diary of Private Prayer*

자신들의 뜻과는 반대로 임금을 거의 받지 못하거나 전혀 못 받으면서
일하는 이들을,
할 일을 찾지 못한 이들을,
가난한 자를 섬기거나 병자를 고치는 이들을,
국내에서나 해외에서 그리스도의 복음을 전하는 이들을
기억하고 위해서 기도합니다.

섬김을 받으러 오신 것이 아니라 섬기러 오신 주 예수님, 공익을 위해 충실하게 일하는 모든 이들에게 자비를 베풀어 주옵소서. 빵과 물고기로 굶주린 무리를 먹이신 주 예수님, 단 하루의 양식을 벌기 위해 육체적인 어려움을 견뎌야 하는 모든 이들에게 자비를 베풀어 주옵소서. 수고하고 무거운 짐 진 자들을 모두 오라고 부르신 주 예수님, 힘에 부치도록 일하는 모든 이들에게 자비를 베풀어 주옵소서. 성부와 성령과 함께 예수님께 모든 영광과 찬양을 드리기를 원합니다. 아멘.

TWENTY-THIRD DAY   MORNING

HOLY Father, from whom all good things come, let the Christian gifts of faith, hope, and love be more firmly established in me every day.

O God, I believe—

that you rule all things in wisdom and righteousness;
that you have called me to be your loyal servant;
that you have the right to call me to complete obedience to your will;
that in Jesus Christ you have shown me a way of salvation, so that I may be delivered from my sins;
that if I truly repent, you are willing to forgive and save me.

O God, I hope—

for your daily mercies to continue;
for the loosening of sin's grip upon my will;
for my growth in grace and in true holiness from day to day;
for a more perfect holiness, when my earthly days are finished;
for a day when I shall know fully, even as I am fully known.

제23일 아침

모든 선한 것의 근원이 되시는 거룩하신 아버지, 그리스도인의 세 가지 은사인 믿음, 소망, 사랑이 날마다 내 안에 더욱더 확고하게 자리 잡게 하옵소서.

오 하나님, 나는 믿습니다.

주님이 지혜와 공의로 만물을 통치하시는 것을,
주님이 나를 주의 충성스러운 종이 되도록 부르신 것을,
주님이 나를 주의 뜻에 완전히 순종하도록 부르시는 것이 당연한 것을,
예수 그리스도 안에서 주님이 나에게 구원의 길을 보여주셔서 내가 내 죄로부터 건짐을 받게 되었음을,
내가 진실로 회개하면 주님은 기꺼이 나를 용서하고 구원하실 것을 나는 믿습니다.

오, 하나님, 나는 소망합니다.

주님이 날마다 베푸시는 자비가 계속되기를,
죄가 내 의지를 장악하는 힘이 풀어지기를,
매일 매일 내가 은혜와 참된 거룩함 안에서 성장하기를,
나의 지상의 날이 다 끝날 때 더 완전한 거룩함을 이루기를,
지금 주님이 나를 온전히 아시는 것같이 내가 주님을 온전히 알게 될 날이 오기를 나는 소망합니다.

O God, I love you—

who yourself are love;
who in love created me, and in love still cherish me;

who loved me so much that you sent your Son to suffer and die so that I might live with you;
who have commanded me to show my love to you by loving my neighbor for your sake.

Help me in my unbelief, O God; give me greater patience in my hope; and make me more faithful in my love. In loving let me believe and in believing let me love; and in loving and in believing let me hope for a more perfect love and a more unwavering faith; through Jesus Christ my Lord. Amen.

● *A Diary of Private Prayer*

오 하나님, 나는 주님을 사랑합니다.

스스로 사랑이신 주님을,
사랑으로 나를 창조하셨으며 사랑으로 여전히 나를 소중히 여기시는 주님을,
나를 너무나 많이 사랑하셔서 내가 주님과 함께 살 수 있도록 주의 아들을 보내시어 고난을 받고 죽게 하신 주님을,
주님을 위해 내 이웃을 사랑함으로써 주께 대한 나의 사랑을 보이라고 명령하신 주님을 나는 사랑합니다.

오 하나님, 나의 믿음 없음을 도와주옵소서. 내가 소망할 때 더 큰 인내를 갖게 하옵소서. 내가 사랑할 때 더 충실한 내가 되게 하옵소서. 내가 사랑하면서 믿게 하시고 믿으면서 사랑하게 하옵소서. 내가 사랑하고 믿으면서 더욱 완전한 사랑과 더욱 확고한 믿음을 소망하게 하옵소서. 나의 주 예수 그리스도의 이름으로 기도합니다. 아멘.

TWENTY-THIRD DAY   EVENING

O EVERLASTING God, let the light of your eternity fall now upon my passing days. O holy God, let the light of your perfect righteousness fall upon my sinful ways. O most compassionate God, let the light of your love pierce to the most secret corners of my heart and overcome the darkness of sin within me.

Am I living as my conscience approves?
Am I demanding of others a higher standard of behavior than I demand of myself?
Am I less charitable about the failings of my neighbors than I am about my own?
Am I standing in public for principles which I do not practice in private?
> Let my answer before you be truthful, O God.

Do I ever allow physical satisfaction to take precedence over spiritual interests?
Which is my priority when my course is not clear?
Do I ever allow my own interests to take precedence over the interests of the community?
Which is my priority when my course is not clear?
> Let my answer before you be truthful, O God.

제23일　저녁

오 영원하신 하나님, 이제 주님의 영원의 빛을 나의 지나가는 나날들 위에 비추게 하옵소서. 오 거룩하신 하나님, 주님의 완전한 공의의 빛을 나의 죄 많은 길 위에 비추게 하옵소서. 오 지극히 궁휼하신 하나님, 주님의 사랑의 빛이 내 마음의 가장 은밀한 구석까지 파고들어 내 안에 있는 죄의 어둠을 이기게 하옵소서.

내가 나의 양심이 허락하는 대로 살아가고 있습니까?
나 자신에게 요구하는 것보다 더 높은 기준의 행동을 다른 사람에게 요구하고 있지는 않습니까?
나 자신의 결점에 대해서는 더 관대하고 내 이웃의 결점에 대해서는 덜 관대하지는 않습니까?
개인적으로 실천하지 않는 원칙들을 공적으로 지지하고 있지는 않습니까?
　　오 하나님, 내가 주님 앞에서 진실하게 대답하게 하옵소서.

내가 영적인 관심보다 육체적인 만족을 더 우위에 그냥 둘 때가 있습니까?
내 방침이 분명하지 않을 때 어느 쪽이 더 중요합니까?
공동체의 이익보다 나 자신의 이익을 더 우위에 그냥 둘 때가 있습니까?
내 방침이 분명하지 않을 때 어느 쪽이 더 중요합니까?
　　오 하나님, 내가 주님 앞에서 진실하게 대답하게 하옵소서.

Am I, in my daily life, facing the stress of circumstances with strength and courage?

Am I grateful for my many blessings?

Am I allowing my happiness to be too dependent on money? Or career success? Or on the good opinion of others?

Is the sympathy I show to others who are in trouble equal to the pity I would expend on myself if the same things happened to me?

Let my answer before you be truthful, O God.

"Create in me a pure heart, O God; and put a new and right spirit within me."

Through Jesus Christ. Amen.

● *A Diary of Private Prayer*

내가 일상생활에서 환경의 스트레스에 강하고 용기 있게 맞서고 있습니까?
받은 많은 복에 대해 감사하고 있습니까?
나의 행복을 돈이나 직업의 성공이나 나에 대한 다른 사람의 좋은 평판에 그냥 너무 많이 의존하도록 하지는 않습니까?
내가 어려움에 처한 다른 사람들에게 보이는 동정심이 내가 그와 똑같은 처지에 있을 때 나 자신에게 쏟을 연민과 같겠습니까?

오 하나님, 내가 주님 앞에서 진실하게 대답하게 하옵소서.

"오 하나님이여, 내 속에 정한 마음을 창조하시고 내 안에 정직한 영을 새롭게 하소서." (시편 51:10)
예수 그리스도의 이름으로 기도합니다. 아멘.

TWENTY-FOURTH DAY MORNING

O GOD, ever blessed, you have given me the night for rest and the day for work and service. Grant that the refreshment from last night's sleep may now be used for your greater glory in the life of the day ahead. Do not let it produce laziness in me, but instead let it encourage more diligent action and willing obedience.

Teach me, O God, to use all the circumstances of my life today to nurture the fruits of the Spirit rather than the fruits of sin.

Let me use disappointment as material for patience;
Let me use success as material for thankfulness;
Let me use anxiety as material for perseverance;
Let me use danger as material for courage;
Let me use criticism as material for learning;
Let me use praise as material for humility;
Let me use pleasures as material for self-control;
Let me use pain as material for endurance.

O Lord Jesus Christ, for the sake of the joy that lay ahead, you endured the cross, despising its shame, and are now seated at the right hand of God; help me to think of you, who endured such opposition from sinners, so that I may not be weary and faint in

제24일   아침

오 영원히 복되신 하나님, 주님은 나에게 휴식을 위해 밤을 주시고 일과 섬김을 위해 낮을 주셨습니다. 지난밤에 잠을 잘 자서 내 원기가 회복된 것이 이제 오늘 하루의 생활에서 주님의 더 큰 영광을 위해 쓰이게 하옵소서. 그렇다고 해서 내가 게으름을 피지 않게 하시고 오히려 기운을 내서 더 부지런히 행동하고 기꺼이 순종하게 하옵소서.

오 하나님, 오늘 내 삶의 모든 상황을 잘 사용하도록 가르쳐 주셔서 내가 죄의 열매보다는 성령의 열매를 키우게 하옵소서.

내가 실망을 인내심의 재료로 사용하게 하소서.
내가 성공을 감사의 재료로 사용하게 하소서.
내가 염려를 끈기의 재료로 사용하게 하소서.
내가 위험을 용기의 재료로 사용하게 하소서.
내가 비난을 배움의 재료로 사용하게 하소서.
내가 칭찬을 겸손의 재료로 사용하게 하소서.
내가 쾌락을 절제의 재료로 사용하게 하소서.
내가 고통을 참을성의 재료로 사용하게 하소서.

오 주 예수 그리스도여, 앞에 있는 기쁨을 위하여 주님은 십자가를 참으시고 그 수치를 무시하셨으며 지금은 하나님의 보좌 우편에 앉아 계십니다. 죄인들이 그토록 반발해도 견뎌내신 주님을 생각하도록 도와 주셔서 내가 지치고 낙심하지 않게 하옵소서.

my mind.

> "But that toil shall make thee
> Some day all Mine own,
> And the end of sorrow
> Shall be near My throne."[10]

Holy God, I remember before you all my friends and family, especially ___ and ___, asking that in your great love you would keep them free from sin, guiding all their deeds today in accordance with your most perfect will. Amen.

- *A Diary of Private Prayer*

"그러나 그 고역으로 너는
언젠가 온전히 나 자신의 것이 되리라.
그리고 슬픔의 끝은
나의 보좌 곁에 있게 되리라."[10]

거룩하신 하나님, 주님 앞에서 내 모든 친구들과 가족들, 특별히 ＿ 와 ＿ 를 기억합니다. 간구하오니 주님의 위대한 사랑으로 그들이 오늘 죄를 짓지 않게 하시며 주님의 지극히 완전한 뜻에 따라 그들의 모든 행실을 인도해주옵소서. 아멘.

TWENTY-FOURTH DAY EVENING

TO you, O heavenly Father, be all praise and glory, as day by day you richly fill my life with many blessings:

A home to share, family to love, and friends to cherish;
A place to fill and work to do;
Your gift of a green world, blue skies above, and the air we breathe;
Healthy exercise and simple pleasures;
Humanity's long history to remember and its great people to follow;
Good books to read and many creative activities to delight in;
So much that is worth knowing and the skill and technology to know it;
Thoughts of eternity and great things that sometimes fill my mind;
Many happy days, and that inward calm that you give me in days of gloom;
The peace, passing understanding, that comes from your living in me;
The faith that looks through death, and the hope of a larger life beyond the grave.

제24일   저녁

오 하늘에 계신 아버지. 하루하루 주님이 나의 삶을 많은 복으로 풍성하게 채워 주시니 주께 모든 찬양과 영광을 드립니다.

함께 나눌 수 있는 가정과 사랑하는 가족과 소중한 친구들로 인하여,
직장과 할 일로 인하여,
주님이 주신 녹색 세상과 푸른 하늘과 우리가 숨 쉬는 공기로 인하여,

건강하게 운동하고 단순하게 즐거움을 누릴 수 있음으로 인하여,
기억할 만한 인류의 오랜 역사와 따를 수 있는 그 위대한 인물들로 인하여,
읽을 만한 좋은 책들과 즐길 수 있는 많은 창조 활동들로 인하여,
알 가치가 있는 대단히 많은 대상들과 그것을 알 수 있는 기량과 기술로 인하여,
때때로 내 마음을 채우는 영원과 위대한 일들에 대한 생각으로 인하여,

많은 행복한 날들과, 또한 우울한 날들에 주님이 내게 주시는 그 내적 평온으로 인하여,
주께서 내 안에 살아계심으로 찾아오는, 도저히 이해가 안 되는 평안으로 인하여,
죽음을 통해서 보는 믿음과 무덤 너머에 있는 더 큰 생명에 대한 소망으로 인하여,
주께 모든 찬양과 영광을 드립니다.

O Lord God, thank you that although you have always generously showered all people with blessings, yet in Jesus you have done greater things for us than you have ever done before:

> Making home sweeter and friends dearer;
> Turning sorrow into gladness and pain into the soul's victory;
> Robbing death of its sting;
> Robbing sin of its power;
> Renewing history;
> Making peace more peaceful and joy more joyful and faith and hope more secure. Amen.

● *A Diary of Private Prayer*

오 주 하나님, 주님은 모든 사람에게 언제나 아낌없이 복을 많이 주셨지만, 이전에 늘 행하셨던 것 보다 더욱 위대한 일들을 예수 그리스도 안에서 행하신 것에 대하여 감사드립니다.

가정을 더 즐겁게, 친구들을 더 소중하게 하셨으며,
슬픔을 기쁨으로, 고통을 영혼의 승리로 바꾸셨으며,
사망의 독침을 없애주셨으며,
죄의 권세를 없애주셨으며,
역사를 새롭게 하셨으며,
평화를 더 평화롭게, 기쁨을 더 기쁘게 만드셨으며
믿음과 소망을 더 확실하게 해주셨습니다. 아멘.

TWENTY-FIFTH DAY   MORNING

O GOD of the ages, grant that I who am the heir of all the ages may gladly learn from the heavenly wisdom which in the past you have given to your servants.

A wise man wrote:
"The world is too much with us; late and soon,
Getting and spending we lay waste our powers."
O God, give me grace to learn from this word.

A wise man wrote:
"Our wills are ours to make them thine."
O God, give me grace to learn from this word.

A wise king said:
"Nothing for me is too early or too late which is in due time for thee."
O God, give me grace to learn from this word.

A wise man said:
"Expect great things from God, attempt great things for God."
O God, give me grace to learn from this word.

A wise man said:
"In his will is our peace."

제25일   아침

오 모든 시대의 하나님, 나는 모든 시대의 상속자입니다. 과거에 주님이 주의 종들에게 주셨던 하늘의 지혜로부터 내가 기쁜 마음으로 배우게 하옵소서.

한 지혜자가 이렇게 기록했습니다:
"세상은 우리에게 너무나 벅차다; 시도 때도 없이 벌고 쓰느라 우리는 힘을 낭비해 버린다."
　　오 하나님, 내가 이 말씀에서 배울 수 있도록 은혜를 베푸옵소서.
한 지혜자가 이렇게 기록했습니다:
"우리의 의지는 우리의 것이지만 그것을 주님의 의지가 되게 해야 합니다."
　　오 하나님, 내가 이 말씀에서 배울 수 있도록 은혜를 베푸옵소서.
한 지혜로운 왕이 이렇게 말했습니다:
"주님에게 적절한 때에 있는 것은 그 어떤 것도 나에게 너무 이르지도 너무 늦지도 않습니다."
　　오 하나님, 내가 이 말씀에서 배울 수 있도록 은혜를 베푸옵소서.
한 지혜자가 이렇게 말했습니다:
"하나님으로부터 위대한 일을 기대하라. 하나님을 위해 위대한 일을 시도하라."
　　오 하나님, 내가 이 말씀에서 배울 수 있도록 은혜를 베푸옵소서.
한 지혜자가 이렇게 말했습니다:
"그 분의 뜻 안에 우리의 평화가 있습니다."

O God, give me grace to learn from this word.

A wise woman said:

"The divine moments is the present moment."

O God, give me grace to learn from this word.

A wise woman said:

"He asks too much to whom God is not sufficient."

O God, give me grace to learn from this word.

A wise man prayed:

"Give what thou commandest, and command what thou wilt."

O God, give me grace to pray this prayer.

A wise man prayed:

"My past life hide; my future guide."

O God, give me grace to pray this prayer.[11]

Father, grant that in everything I do today I may remember the great traditions that I inherit, and the great cloud of witnesses that always surrounds me, so that I may be kept from doing evil and be inspired to give my best for your glory. Keep me until evening in the might of Jesus Christ my Lord. Amen.

● *A Diary of Private Prayer*

오 하나님, 내가 이 말씀에서 배울 수 있도록 은혜를 베푸옵소서.
한 지혜로운 여인이 이렇게 말했습니다:
"신성한 순간은 현재의 순간이다."
오 하나님, 내가 이 말씀에서 배울 수 있도록 은혜를 베푸옵소서.
한 지혜로운 여인이 이렇게 말했습니다:
"하나님만으로 충분하지 않은 사람은 구하는 것이 너무 많다."
오 하나님, 내가 이 말씀에서 배울 수 있도록 은혜를 베푸옵소서.
한 지혜자가 이렇게 기도했습니다:
"주께서 명하시는 것을 주시고, 주께서 원하시는 것을 명하옵소서."
오 하나님, 내가 이런 기도를 드리도록 은혜를 베푸옵소서.
한 지혜자가 이렇게 기도했습니다:
"나의 과거의 삶은 숨기시고, 나의 미래의 삶은 인도하옵소서."
오 하나님, 내가 이런 기도를 드리도록 은혜를 베푸옵소서.[11]

아버지, 내가 오늘 모든 일을 할 때 상속받은 위대한 전통들과 나를 언제나 둘러싼 구름같이 허다한 믿음의 증인들을 기억하게 하셔서, 내가 악을 행하지 않고 영감을 받아 주님의 영광을 위해서 나의 최선을 다하게 하옵소서. 내 주 예수 그리스도의 능력으로 저녁때까지 나를 지켜 주옵소서. 아멘.

TWENTY-FIFTH DAY EVENING

HOLY God, I have dedicated my soul and life to you, yet I lament before you that I am still so inclined to sin and so reluctant to obey:

So attached to what makes me feel good, so neglectful of spiritual things;
So quick to gratify my body, so slow to nourish my soul;

So greedy for present delight, so indifferent to lasting blessing;

So fond of being lazy, so unprepared to work;

So soon at play, so delayed at prayer;
So quick to look after myself, so slow to look after others;

So eager to get, so reluctant to give;
So confident in my claims, so low in my performance;
So full of good intentions, so unwilling to fulfill them;

So harsh with those around me, so indulgent with myself;
So eager to find fault, so resentful when others find fault with me;

제25일 저녁

거룩하신 하나님, 나는 내 영혼과 삶을 주님께 바쳐왔습니다. 하지만 내가 아직도 무척이나 쉽게 죄를 짓고 순종하는 데는 무척이나 주저하고 있음을 주님 앞에서 탄식합니다.

내 기분을 좋게 만드는 일에는 몹시 애착을 가지면서 영적인 일에는 몹시 등한히 합니다.
내 육체를 만족시키는 데는 아주 빠르면서 내 영혼을 키우는 데는 아주 느립니다.
현재의 기쁨에는 무척이나 욕심이 많으면서 영원한 복에는 무척이나 무관심합니다.
게으름을 피우는 것은 몹시 좋아하면서 일하는 것은 몹시 준비가 되어 있지 않습니다.
노는 데는 아주 금방하면서 기도하는 데는 아주 미적거립니다.
나 자신을 보살피는 일에는 무척이나 빠르면서 남을 보살피는 일에는 무척이나 느립니다.
받는 데는 몹시 열심이지만 주는 데는 몹시 망설입니다.
내 권리 주장에는 아주 자신 있지만 내 업무 수행에는 아주 부족합니다.
좋은 의도는 무척이나 가득하지만 그것을 이루는 것은 무척이나 꺼립니다.
내 주변 사람들에게는 몹시 엄격하지만 나 자신에게는 몹시 관대합니다.
남의 흠을 찾는 데는 아주 열심이지만 남이 내 흠을 찾을 때는 아주 분개합니다.

So unfit for great tasks, so unhappy with small ones;

[So weak in adversity, so swollen and self-satisfied in prosperity;]

So helpless without you, and yet so unwilling to be tied to you.

O merciful God, forgive me yet again. Hear this sad account of my failings and in your great mercy blot it out of your memory. Give me faith to lay hold your perfect holiness and to rejoice in the righteousness of Christ my Savior. Grant that resting on his goodness and not my own I may become more like him, so that my will may be united with his, in obedience to yours. All this I ask for his holy name's sake. Amen.

• *A Diary of Private Prayer*

큰 일을 감당하기에는 무척이나 적임이 아니면서 작은 일을 맡는 것은 무척이나 못마땅해 합니다.
[역경에 처할 때는 몹시 나약하지만 번영할 때는 몹시 우쭐해지고 자기만족에 빠집니다.]
주님 없이는 아주 무력하지만 주께 매여 사는 것은 아주 꺼립니다.

오 자비로우신 하나님, 하지만 다시 한 번 나를 용서하여 주옵소서. 나의 실패에 대한 이러한 슬픈 이야기를 들으시고 주님의 크신 자비로 그것을 주의 기억에서 지워 주옵소서. 나에게 믿음을 주셔서 주님의 완전한 거룩하심을 붙들게 하시고 나의 구주 그리스도의 의를 기뻐하게 하옵소서. 내 자신의 선이 아니라 그리스도의 선에 의지하여 내가 더욱 그분을 닮아가게 하시어 하나님의 뜻에 순종함으로써 나의 뜻이 그리스도의 뜻과 일치하게 하옵소서. 이 모든 것을 예수 그리스도의 거룩하신 이름으로 기도합니다. 아멘.

TWENTY-SIXTH DAY   MORNING

O LORD, it is you who have given me the gift of this day's life. Give me also, I pray, the spirit to use it as I should. May I not stain the brightness of the morning with any evil thought or darken the afternoon with any shameful action. Today, let your Holy Spirit breathe into my heart clean and true desires worthy of your reign. May your truth inspire my mind. May your justice and goodness make a throne within me and direct my wayward will. May Christ be formed in me and let me learn from him how to be humble in heart, gentle in bearing, modest in speech, helpful in action, and prompt at carrying out my Father's will.

O Lord, you encompass the whole earth with your most compassionate love, and it is against your will that any of your children should be lost or die. Grant your blessing today to all who are striving to make a better world. I pray, O God, especially—

> [for all who are valiant for truth;]
> for all who are working for laws to be more just, humane, and transparent;
> for all who are working for peace between the nations;
> for all who are working to heal and prevent disease;

제26일   아침

오 하나님, 바로 주님이 이 하루의 삶을 나에게 선물로 주셨습니다. 내가 이 선물을 올바르게 사용할 맑은 정신도 주시기를 기도합니다. 내가 아침의 광채를 어떤 악한 생각으로 얼룩지게 하거나 오후의 광명을 어떤 부끄러운 행실로 어둡게 하지 않게 하옵소서. 오늘 주의 성령께서 내 마음속에 주님의 통치에 합당한 정결하고 참된 갈망을 불어넣어 주옵소서. 주님의 진리가 내 정신에 영감을 불러일으키게 하옵소서. 주님의 정의와 선이 내 마음의 보좌에 앉아 고집스러운 나의 의지를 다스려 주옵소서. 그리스도의 형상이 내 안에 형성되게 하시어 그리스도께로부터 내가 겸손한 마음과 온유한 태도와 품위 있는 말씨와 도움을 주는 행동과 내 아버지의 뜻을 즉시 실천하는 방법을 배우게 하옵소서.

오 주님, 주께서는 온 땅을 지극히 긍휼하신 사랑으로 감싸고 계십니다. 그래서 주님의 자녀 중 그 누구도 길을 잃거나 멸망하는 것이 주의 뜻이 아닙니다. 더 좋은 세상을 만들기 위해 노력하는 모든 사람들에게 오늘 주의 복을 베풀어 주옵소서. 오 하나님, 특별히 다음과 같은 사람들을 위해 기도합니다.

[진리를 위해 용감히 나서는 모든 이들을 위해,]
보다 더 정의롭고 인도적이며 투명한 법이 되도록 일하는 모든 이들을 위해,
국제 평화를 위하여 일하는 모든 이들을 위해,
질병을 치료하고 예방하기 위하여 일하는 모든 이들을 위해,

for all who are helping to relieve poverty;

for all who are helping the betrayed and abused;

for all who are working toward the restoration of the broken unity of your holy Church;

for all who preach the gospel;

for all who bear witness to Christ in every land and culture;

[for all who suffer for righteousness' sake.]

Break down, O Lord, all the forces of violence, cruelty, and evil. Defeat all selfish and power-driven schemes and bless everything that is planned in the spirit of Christ and carried out to the honor of his blessed name. Amen.

- *A Diary of Private Prayer*

가난의 구제를 돕는 모든 이들을 위해,
배신당한 자들과 학대받는 자들을 돕는 모든 이들을 위해,
주님의 거룩한 교회의 깨어진 일치가 회복되도록 일하는 모든 이들을 위해,
복음을 전하는 모든 이들을 위해,
모든 나라와 문화에서 그리스도를 증거하는 모든 이들을 위해,
[의를 위하여 고난을 받는 모든 이들을 위해]
기도합니다.

오 주님, 모든 폭력과 잔혹과 악의 세력들을 무너뜨려 주옵소서. 모든 이기적이고 권력에 사로잡힌 계략들을 꺾어 주시고 그리스도의 정신으로 계획되고 그리스도의 복되신 이름의 영광을 위해 실행되는 모든 일에 복을 내려 주옵소서. 아멘

TWENTY-SIXTH DAY   EVENING

GRACIOUS GOD, as the day ends I come, seeking you. I cry out to you to create a little pool of heavenly peace in my heart as I lie down to sleep. I want to let go of the busyness, noise, and worries of today, so that my heart and mind can be still as I wait expectantly for you and meditate on your love.

Dear Father, give me tonight a deeper sense of gratitude for all your gracious gifts. Your goodness to me has been wonderful. At every moment you have cared for me and there was not a split second when I had to stand by my strength alone. When I was too preoccupied to think about you, you — though you hold the whole universe in your hands — were not too preoccupied to remember me.

O God, I am bitterly ashamed that I have to keep confessing how I forget you, how feebly I love you, and how capricious and spiritless my desire is for you. How many of your clear commandments I have disobeyed today! How many times I have held back kindness and care from you, Jesus, by not showing it to the least of your brothers and sisters whom I have encountered today![12]

Dear Lord, if I were to think only about the sorry state of my

제26일　저녁

은혜로우신 하나님, 또 하루가 저무는 지금 나는 주님을 구하며 나옵니다. 주께 부르짖사오니 누워 잠들려고 하는 이때에 내 마음 안에 천국의 평화를 담은 작은 연못을 만들어 주옵소서. 오늘의 분주함과 소음과 걱정거리에서 벗어나기 원합니다. 그래서 내가 기대하는 마음으로 주님을 기다리고 주님의 사랑을 묵상할 때에 내 마음과 정신이 잠잠할 수 있게 하옵소서.

사랑하는 아버지, 내가 받은 주님의 모든 은혜로운 선물에 대해 오늘밤 더 깊이 감사하는 마음을 갖게 하옵소서. 나를 향한 주님의 선하심은 놀라웠습니다. 오늘 순간순간마다 주님은 나를 돌보셨으며 눈 깜짝할 사이에도 내가 나의 힘으로만 서있어야 할 때가 없었습니다. 내가 어떤 일에 너무 몰두한 나머지 주님을 생각하지 못했을 때에도 주님은 — 온 우주를 다스리시지만 — 어떤 일에 너무 열중하시지 않고 나를 기억하셨습니다.

오 하나님, 내가 얼마나 주님을 망각하는지, 얼마나 나약하게 주님을 사랑하는지, 그리고 주님을 향한 나의 갈망이 얼마나 변덕스럽고 활기가 없는지 계속해서 고백해야만 하는 나 자신이 몹시 부끄럽습니다. 주님의 분명한 명령들을 오늘 내가 얼마나 많이 불순종하였는지요! 오늘 내가 만난 주님의 형제자매들 가운데 가장 작은 자에게 친절을 베풀지 않고 그를 돌보지 않음으로써 곧 예수님께 그렇게 행하지 않은 것이 얼마나 많이 있었는지요![12]

사랑하는 주님, 만일 내가 이런 일 때문에 오직 나 자신의 후회하는 마음

own heart and conscience and the good things that I did not do today, I would not have any peace before I sleep, only bitterness and despair. Therefore, dear Father, I choose instead to think of you and to be glad that your love blots out all of my sins. Loving Jesus, I choose to think of you, the Lamb of God, and to trust in your perfect righteousness. I cannot trust my own efforts nor take pleasure in what I am, but only in what you are, and what you have suffered in my place. O Holy Spirit, make my heart and mind an instrument of your work, so that as the days go by I may become more like Jesus Christ my Lord, to whom be glory forever and ever. Amen.

- *A Diary of Private Prayer*

과 양심만 생각하고 또 내가 오늘 선한 일들을 행하지 않은 것만 생각한다면, 잠들기 전에 나는 아무런 평안도 없을 것이고, 다만 비탄과 절망만 있을 것입니다. 사랑하는 아버지, 그러니 나는 그 대신 새로운 결심을 하여 주님을 생각하고 주의 사랑이 내 모든 죄를 지워 버린다는 사실로 기뻐하겠습니다. 사랑하는 예수님, 나는 새로운 결심을 하여 하나님의 어린 양이신 주님을 생각하고 주의 완전하신 의를 믿겠습니다. 나는 나 스스로의 노력을 신뢰할 수도 없고 내가 어떤 존재인가 하는 것을 즐거워할 수도 없습니다. 오직 주님이 어떤 존재이신가 하는 것을 즐거워하고 주님이 나 대신 고난 받으신 것을 즐거워할 수 있을 뿐입니다. 오 성령님, 내 마음과 정신을 주님이 일하시는 도구로 만드셔서 날이 지날수록 내가 나의 주 예수 그리스도를 더욱 닮아가게 하옵소서. 예수님께 영광이 영원히 있기를 원합니다. 아멘.

TWENTY-SEVENTH DAY   MORNING

O MOST gracious God, grant that in everything that happens today I may carry with me the remembrance of the sufferings and death of Jesus Christ my Lord.

For your fatherly love shown in Jesus Christ your beloved Son;
For his readiness to suffer for us;
For the redemptive passion that filled his heart;
I praise and bless your holy name.

For the power of his cross in the history of the world since he came;
For all who have taken up their own crosses and followed him;
For the noble company of martyrs and for all who are willing to die that others may live;
For all those who freely choose to suffer for the sake of others, for pain bravely endured, for sorrows of this life that have been used for the building up of eternal joys;
I praise and bless your holy name.

O Lord my God, you dwell in pure and blessed serenity beyond the reach of human pain, and yet you look down in unspeakable love and tenderness upon the sorrows of Earth. Give me grace, I

제27일   아침

오 지극히 은혜로우신 하나님, 오늘 일어나는 모든 일에서 내가 나의 주 예수 그리스도의 고난과 죽음을 내내 기억하게 하옵소서.

주님의 사랑하는 아들 예수 그리스도 안에서 보여주신 주님의 아버지 된 사랑으로 인하여,
우리를 위해 기꺼이 받으신 그리스도의 고난으로 인하여,
그의 마음을 가득 채우신 우리를 위한 구속의 열정으로 인하여,
주님의 거룩하신 이름을 찬양하고 송축합니다.

예수 그리스도께서 오신 이후 세계 역사에 나타난 그의 십자가의 능력으로 인하여,
자기 자신의 십자가를 지고 그리스도를 따른 모든 이들로 인하여,
고귀한 순교자들의 무리와 다른 사람들을 살리기 위해 자신이 기꺼이 죽기로 작정하는 모든 이들로 인하여,
다른 사람들을 위해 자신이 자원해서 고난 받기로 작정하는 모든 이들과, 용감하게 고통을 인내한 이들과, 영원한 기쁨을 쌓기 위해 이 현세의 삶을 보내면서 슬픔을 겪은 이들로 인하여,
주님의 거룩하신 이름을 찬양하고 송축합니다.

오 주 나의 하나님, 주님은 인간의 고통이 닿지 않는 곳에 순수하고 복된 평온 가운데 거하시지만, 이 세상의 슬픔을 이루 말할 수 없는 사랑과 다정함으로 내려다보십니다. 주께 기도하오니 내가 주님의 요구로 인내해야 했던

pray, to understand the meaning of the pain and disappointments that I am called to endure. Save me from worrying. [Let me be wise to draw from every dispensation of Thy providence the lesson Thou art minded to teach me.] Give me a strong heart to bear my own burdens. Give me a willing heart to bear the burdens of others. Give me a believing heart to cast all my burdens on you.

Glory be to you, O Father, and to you, O Christ, and to you, O Holy Spirit, forever and ever. Amen.

- *A Diary of Private Prayer*

고통과 실망의 의미를 이해할 수 있도록 은혜를 베풀어 주옵소서. 나를 근심에서 구하옵소서. [모든 세대에 걸친 주님의 섭리로부터 주께서 내게 가르치고자 하시는 교훈을 배울 수 있도록 나를 지혜롭게 하옵소서.] 나 자신의 짐을 질 수 있는 굳센 마음을 주옵소서. 다른 사람의 짐을 기꺼이 질 수 있는 마음을 주옵소서, 내 모든 짐을 주께 맡길 수 있는 믿는 마음을 주옵소서.

오 아버지여, 주님께, 오 그리스도여, 주님께, 오 성령이여, 주님께 영광이 영원히 있기를 원합니다. 아멘.

TWENTY-SEVENTH DAY   EVENING

"I falter where I firmly trod,
And falling with my weight of cares
Upon the great world's altar-stairs
That slope thro' darkness up to God,
I stretch lame hands of faith and grope..."[13]

ETERNAL God, you have been the hope and joy of many generations, and in all ages you have given women and men the power to seek you, and in seeking, find you. Grant me, I pray, a clearer vision of your truth, a greater faith in your power, and a more confident assurance of your love.

When the way seems dark before me, give me grace to walk trustingly;
When so much is obscure to me, may I be all the more faithful to the little I can clearly see;
When the distant scene is clouded, may I rejoice that at least I can see the next step;
When what you are is hidden from my eyes, let me hold fast to what you command;
When I do not understand, may I remain obedient;
What I lack in faith, may I make up for in love.

제27일 저녁

"내가 굳세게 걸어가던 곳에서 비틀거립니다.
그 위대한 세계의 제단에 오르는 계단을 밟으며
어둠을 지나 하나님께로 오르는 비탈길에서
내 근심의 무게로 나는 쓰러집니다.
하지만 불구가 된 믿음의 손을 뻗어 더듬습니다…"[13]

영원하신 하나님, 주님은 많은 세대의 소망과 기쁨이 되어 오셨으며 모든 시대를 통해 여성과 남성들에게 주님을 추구할 수 있는 힘을 주셨으며 추구할 때 주님을 찾게 하셨습니다. 이제 기도하오니 주님의 진리에 대한 더 분명한 비전과 주님의 능력에 대한 더 큰 믿음과 주님의 사랑에 대한 더 자신 있는 확신을 나에게 주옵소서.

내 앞 길이 어두워 보일 때라도 나에게 은혜를 베푸시어 신뢰하며 걸어가게 하옵소서.
너무나 많은 것이 내게 애매할 때라도 내가 분명히 볼 수 있는 작은 것에 더욱 더 충실하게 하옵소서.
멀리 있는 장면이 흐릿할 때라도 적어도 내가 다음 걸음은 볼 수 있다는 것을 기뻐하게 하옵소서.
주님이 어떤 분이신지 내 눈에 숨겨져 있을 때라도 주께서 명령하시는 것은 굳게 붙잡게 하옵소서.
내가 이해가 되지 않을 때라도 계속 순종하게 하옵소서.
내가 믿음이 부족할 때라도 사랑으로 보답하게 하옵소서.

O infinite God, the brightness of your face is often covered from my human gaze. Thank you for sending your Son, Jesus Christ, to be a light in a dark world. O Christ, you are the Light of Light; thank you that in your most holy life you pierced the eternal mystery, as with a great beam of heavenly light, so that in seeing you, we see the One whom no human being has ever seen.

And if I still cannot find you, O God, then let me search my heart and know whether it is I who am blind rather than you who are hidden; whether it is I who am running away from you rather than you from me. Help me to confess my sins before you, and seek your forgiveness in Jesus Christ my Lord. Amen.

● *A Diary of Private Prayer*

오 무한하신 하나님, 주님의 눈부신 얼굴은 내가 인간으로 아무리 응시를 해도 숨겨져 볼 수 없는 때가 자주 있습니다. 하지만 주님의 아들 예수 그리스도를 어두운 세상의 빛이 되도록 보내주셔서 감사드립니다. 오 그리스도여, 주는 빛 중의 빛이십니다. 주는 지극히 거룩한 삶을 사시면서 마치 거대한 줄기의 하늘 광선이 내리 비치듯이 영원한 신비를 꿰뚫고 이 세상에 오셔서 우리가 주를 봄으로써 어떤 인간도 이제껏 본 적이 없는 하나님을 보게 하셨으니 주님께 감사드립니다.

오 하나님, 그런데도 만일 내가 아직도 주님을 찾지 못한다면, 나로 하여금 내 마음을 잘 살펴서 주님이 숨어 계신 것이 아니라 내가 눈먼 사람이라는 사실을 알게 하시고, 또 주님이 나로부터 떠나버리는 것이 아니라 내가 주님으로부터 떠나버리고 있다는 사실을 알게 하옵소서. 내가 하나님 앞에 나의 죄를 고백하고 내 주 예수 그리스도를 통해서 주님의 용서를 구하도록 도와주옵소서. 아멘.

TWENTY-EIGHTH DAY MORNING

O LORD my God, may I go out now to the work of another day, still surrounded by your wonderful loving kindnesses, still committed to your loyal service, still standing in your strength and not my own.

May I today be a Christian not only in my words but also in my deeds;
May I follow bravely in the footsteps of my Master, wherever they may lead;
May I be uncompromising and honest with myself;
May there be no self-pity or self-indulgence in my life today;
May my thinking be clear, my speech truthful and open, and my action courageous and decisive.

O Lord, I pray not only for myself but for the entire community to which I belong: for all my family, friends, and colleagues, asking you to keep a fatherly eye upon them. I pray also—

for all who today will face any great decision;
for all those today working to settle important affairs in the lives of individuals and nations;
for all who are shaping public opinion in our time;

제28일   아침

오 주 나의 하나님, 내가 이제 또 하루의 일을 하러 나아갈 때 여전히 주님의 놀라운 자비에 둘러싸이게 하시고, 여전히 주님을 충성되게 섬기기로 맹세하게 하시며, 여전히 나 자신의 능력이 아니라 주님의 능력으로 서게 하옵소서.

오늘 내가 말로만 아니라 행동으로도 그리스도인이 되게 하옵소서.
내 삶의 주인의 발자취가 어디로 인도하든지 그 발자취를 용감하게 따르게 하옵소서.
나 자신에 대해서 타협하지 않고 정직하게 하옵소서.
오늘 내 삶이 자기 연민이나 방종에 빠지지 않게 하옵소서.
나의 생각은 분명하고, 나의 말은 진실되고 개방적이며, 나의 행동은 용기 있고 결단성 있게 하옵소서.

오 주님, 이 시간 나 자신뿐 아니라 내가 속해 있는 온 공동체의 구성원인 나의 가족과 친구들과 동료들 모두를 위해서 기도하오니 주께서 그들을 아버지의 사랑하는 눈빛으로 바라보시도록 간구합니다. 또한 다음과 같은 여러 사람들을 위하여 기도합니다.

오늘 어떤 큰 결정을 내려야 할 모든 이들을 위하여,
오늘 개인들과 국가들의 입장에서 중요한 문제들을 해결하려고 일하는 모든 이들을 위하여,
우리 시대에 여론을 형성하는 모든 이들을 위하여,

for all who write what other people read;

for all who are lifting up the light of truth in a world of ignorance and sin;

for all whose hands are worn with too much work, and for the unemployed whose hands have found no work today;

[for all those who have not where to lay their head.]

O Christ my Lord, who for the sake of all my brothers and sisters relinquished earthly comfort and satisfaction, forbid it that I should ever again live for myself alone. Amen.

- *A Diary of Private Prayer*

다른 사람들의 읽을거리를 쓰는 모든 이들을 위하여,
무지와 죄의 세상에서 진리의 빛을 높이 들고 있는 모든 이들을 위하여,
과도한 노동으로 손이 거칠어진 모든 이들과 오늘 일손을 놀리고 있는 모든 실업자들을 위하여,
[자기들의 머리 둘 곳이 없는 모든 노숙자들을 위하여]
기도합니다.

오 나의 주 그리스도여, 주는 나의 모든 형제자매들을 위하여 이 세상의 안락과 만족을 포기하셨습니다. 내가 다시는 결코 나 자신만을 위하여 살지 않게 하옵소서. 아멘.

TWENTY-EIGHTH DAY EVENING

O UNAPPROACHABLE Light, how can I raise these guilty hands to you? How can I pray to you with lips that have spoken hollow and grumpy words?

A heart hardened with vindictive passions;
An unruly tongue;
An irritable nature;
An unwillingness to bear the burdens of others;
An undue willingness to let others bear my burdens;
Exaggerated boasting about small achievements;
Fine words hiding unworthy thoughts;
A friendly face masking a cold heart;
Many neglected opportunities and many undeveloped talents;
Much love and beauty unappreciated and many blessings unacknowledged:
All these I confess to you, O God.

Thank you, O loving Father, that holy and transcendent as you are, you have always shown yourself to be accessible to the prayers of sinful people like me. Especially I praise your name that in the gospel of Jesus Christ you have opened up a new and living way into your presence, making your mercy free to all who have

제28일   저녁

오 가까이 갈 수 없는 빛이신 하나님, 어떻게 내가 주님을 향해 이 죄 지은 두 손을 들 수 있겠습니까? 어떻게 내가 빈말과 불평하는 말을 해온 입술로 주님께 기도할 수 있겠습니까?

복수심이 강한 열정으로 굳어진 마음,
제멋대로 굴리는 혀,
짜증을 잘 내는 성품,
다른 사람의 짐은 지기 싫어하는 태도,
내 짐은 다른 사람에게 기꺼이 지우고자 하는 부당한 태도,
성취한 것은 작은데 허풍떨며 뽐내는 태도,
천박한 생각들을 숨기는 미사여구들,
냉정한 마음을 감추는 다정한 얼굴,
소홀히 해서 놓친 많은 기회들과 개발하지 않아 썩힌 많은 재능들,
사랑과 아름다운 정성을 많이 받았지만 감사하지 않았고 복을 많이 받았지만 고마워하지 않은 나의 모습,
오 하나님, 이 모든 것을 주님께 고백합니다.

오 사랑하는 아버지, 주님은 거룩하고 초월적인 존재이시지만, 언제나 모습을 드러내셔서 나처럼 죄 많은 사람들의 기도에 응답해주심을 감사드립니다. 특별히 예수 그리스도의 복음을 통해서 아버지께서 주님의 임재 안으로 들어갈 수 있는 새롭고 살아있는 길을 열어주심으로, 탄원하는 것 말고는 아무 것도 할 수 없는 모든 사람들에게 주님의 자비를 값없이 주셨으니

nothing else to plead.

Let me now find peace in my heart by turning away from myself and taking refuge in you. Let my despair over my miserable sins give way to joy in your adorable goodness. Let depression of mind make way for a renewed energy and a serving spirit. So let me lie down tonight thinking not of myself and my own concerns, or of my hopes and fears, or even of the ways in which I have offended you, but of others who need your help and of the work that I can do for their sakes in the vineyard of your world. Amen.

- *A Diary of Private Prayer*

주의 이름을 찬양합니다.

　이제 나 자신에게서 방향을 돌려 주님을 피난처로 삼음으로 내 마음이 평화를 찾게 하옵소서. 나의 비참한 죄에 대한 절망이 변하여 찬양 받으시기에 합당한 주님의 선하심을 기뻐하게 하옵소서. 나의 우울한 정신이 변하여 새로워진 활력과 섬기는 정신이 되게 하옵소서. 그리하여 오늘밤 잠자리에 누워서 나 자신과 나 자신의 관심사나, 나의 희망과 두려움이나, 혹은 내가 주님께 지은 죄의 방식조차도 생각하지 말게 하시고, 주님의 도움이 필요한 다른 사람들과 주님의 세상의 포도원에서 그들을 위해 내가 할 수 있는 일을 생각하게 하옵소서. 아멘.

TWENTY-NINTH DAY MORNING

ALMIGHTY and most merciful Father, your power and love eternally work together for the protection of your children. Give me grace today to put my trust in you.

O Father, I pray—

for faith to believe that you rule the world in truth, justice, and love;

for faith to believe that if I seek first your kingdom and righteousness, you will provide for my needs;

for faith not to be anxious about tomorrow, but to believe that the love you have given me in the past will continue into the future;

for faith to see your loving purposes unfold in all that is happening in our time;

for faith to be calm and brave in the face of any dangers I may meet with while doing my duty;

for faith to believe in the power of your love to melt my hard heart and totally remove my sin;

for faith to put my own trust in love rather than in force, when other people harden their hearts against me;

for faith to believe in the ultimate victory of your Holy Spirit

제29일   아침

전능하시고 지극히 자비로우신 아버지, 주님은 영원히 능력과 사랑으로 함께 일하시면서 주의 자녀들을 보호하십니다. 오늘 나에게 주님을 신뢰하도록 은혜를 베풀어 주옵소서.

오 아버지, 이제 내가 기도합니다.

주님이 이 세상을 진리와 정의와 사랑으로 다스리심을 믿는 믿음을 주옵소서.
내가 먼저 주의 나라와 그의 의를 구하면 주께서 내게 필요한 것을 공급해주실 줄 믿는 믿음을 주옵소서.
내일을 염려하지 않는 믿음과, 주님이 지난날 내게 베푸신 사랑을 앞날에도 계속해서 베푸실 줄 믿는 믿음을 주옵소서.

우리 시대에 일어나는 모든 일에서 주님의 사랑의 목적이 드러나는 것을 볼 수 있는 믿음을 주옵소서.
내 의무를 감당하는 중에 만날지도 모르는 그 어떤 위험에 직면해서도 침착하고 용감하게 대처할 수 있는 믿음을 주옵소서.
주님의 사랑의 능력으로 내 굳은 마음이 녹게 되고 내 죄가 완전히 사라질 것을 믿는 믿음을 주옵소서.
다른 사람들이 나를 비정한 마음으로 대할 때 물리적 힘보다 사랑의 힘을 신뢰하는 믿음을 주옵소서.
질병과 죽음과 모든 어둠의 세력들에 대해 주님의 성령이 궁극적으로 승

over disease and death and all the powers of darkness;

for faith to learn from any sufferings that you call me to endure;

for faith to leave in your hands the welfare of all my dear ones, especially ___ and ___.

O Lord, all my ancestors were justified in their trust in you. Rid my heart of all pointless anxieties and paralyzing fears. Give me a cheerful and buoyant spirit, and peace in doing your will; for Christ's sake. Amen.

• *A Diary of Private Prayer*

리할 것을 믿는 믿음을 주옵소서.

주님이 내게 인내하라고 명하신 그 어떤 고난들에서도 교훈을 얻을 수 있는 믿음을 주옵소서.

나의 모든 사랑하는 사람들, 특히 ___ 와 ___ 의 행복을 주님의 손에 맡기는 믿음을 주옵소서.

오 주님, 나의 모든 조상들이 주를 신뢰한 것은 당연한 일이었습니다. 이제 내 마음에서 모든 무의미한 염려와 나를 무력하게 만드는 두려움을 제거하여 주옵소서. 내가 주님의 뜻을 행할 때 나에게 즐겁고 쾌활한 마음과 평화를 주옵소서. 예수 그리스도의 이름으로 기도합니다. 아멘.

TWENTY-NINTH DAY   EVENING

O GOD, immortal, eternal, invisible, I remember with joy and thanksgiving all that you have been to us:

Companion of the brave;
Supporter of the loyal;
Light of the wanderer;
Joy of the pilgrim;
Guide of the pioneer;
Helper of all whose work is heavy;
Refuge of the brokenhearted;
Deliverer of the oppressed;
Relief of the tempted;
Strength of the victorious;
Ruler of rulers;
Friend of the poor;
Rescuer of the perishing;
Hope of the dying.

Give me faith now to believe that you can be all in all to me, according to my need, if only I renounce all proud self-dependence and put my trust in you.

제29일 저녁

오 영원하시고 보이지 않으시는 불멸의 하나님, 주께서 우리 인간들에게 이렇게 나타나신 모든 모습을 나는 기쁘고 감사한 마음으로 기억합니다.

주님은
용감한 자들의 동반자이시요,
충성된 자들의 후원자이시요,
방황하는 자들의 빛이시요,
순례자들의 기쁨이시요,
개척자들의 안내자이시요,
중노동하는 자들의 조력자이시요,
마음이 상한 자들의 피난처이시요,
압제 받는 자들의 구원자이시요,
유혹 받는 자들의 구조자이시요,
승리자들의 힘이시요,
통치자들의 통치자이시요,
가난한 자들의 친구이시요,
멸망하는 자들의 구원자이시요,
죽어가는 자들의 소망이 되셨습니다.

이제 나에게도 이러한 믿음을 주옵소서. 만일 내가 자신을 의지하는 모든 교만한 마음을 오직 버리고 주님을 신뢰하기만 하면, 주는 내 필요에 따라 나에게 모든 것을 채워주실 수 있음을 믿게 하옵소서.

Forbid it, O Father, that the sheer difficulty of honoring you in my life should ever tempt me to despair or give up trying. May I always keep in my mind that this human life was once divinely lived; that this world was once nobly overcome; and that this physical body, which so sorely troubles me now, was once made into your perfect dwelling place.

Show your loving kindness tonight, O Lord, to all who are in need of your help. Be with the weak to make them strong and with the strong to make them gentle. Cheer the lonely with your company and the distracted with your solitude. Prosper your Church in the fulfillment of its mighty task, and grant your blessing to all who have worked hard today in Christ's name. Amen.

● *A Diary of Private Prayer*

오 아버지여, 내가 살아가는 동안 주님을 공경하는 일이 참으로 어렵다고 해서 내가 그렇게 하는 노력을 단념하거나 포기하고 싶은 유혹에 결코 빠지지 않도록 하옵소서. 하나님이 한때는 육신으로 오셔서 인간의 삶을 사셨고 예수님이 한때는 이 세상을 당당하게 이기셨으며, 지금 나를 몹시 괴롭히는 이 육신이 한때는 주님의 온전한 거처가 되셨다는 사실을 내가 언제나 기억하게 하옵소서.

오 주님, 오늘밤 주의 도움이 필요한 모든 이들에게 주님의 자애를 보여주옵소서. 약한 자들과 함께 하셔서 그들을 강하게 하시고, 강한 자들과 함께 하셔서 그들을 온유하게 하옵소서. 외로운 자들과 함께 하셔서 그들을 격려하시고, 마음이 산란한 자들을 홀로 계시는 주님의 모습으로 응원하여 주옵소서. 주님의 교회가 그 위대한 사명을 성공적으로 완수하게 하시고, 오늘 그리스도의 이름으로 열심히 일한 모든 이들에게 주님의 복을 베풀어 주옵소서. 아멘.

THIRTIETH DAY MORNING

CREATOR Spirit, who forever hovers over the lands and waters of earth, enriching them with forms and colors that no human skill can copy, give me today the mind and heart to rejoice in your creation.

Forbid that I should walk through your beautiful world with unseeing eyes;
Forbid that the attractions of the city and its shops should ever steal my heart away from the love of open fields and green trees;
Forbid that under the low ceiling of office or classroom or workshop or study I should ever forget your great overarching sky;
Forbid that when all your creatures greet the morning with songs and shouts of joy, I alone should wear a grumpy and sullen face;
Let the energy and vigor which in your wisdom you have infused into every living thing stir within my being today, so that I may not be a lazy or mindless bystander among your creatures;
And above all give me grace to use these beauties of earth around me and this eager stirring of life within me to lift my soul from creature to Creator, and from nature to nature's God.

제30일 아침

창조주 성령이시여, 주님의 영은 영원히 지구의 육지와 물 위를 운행하시면서 인간의 어떤 기술로도 모방할 수 없는 형태와 색채로 그것들을 풍요롭게 만드십니다. 오늘 나에게 주님이 창조하신 세계를 기뻐할 수 있는 정신과 마음을 주옵소서.

내가 주님의 아름다운 세계를 보지 못한 채 걷지 않게 하옵소서.

도시와 그 상점들의 매력에 빠진 나머지 광활한 들판과 녹색 나무들을 사랑하는 내 마음을 결코 완전히 빼앗아 가지 못하게 하옵소서.

사무실이나 교실이나 작업장이나 서재의 낮은 천장 아래에 있으면서도 내가 주님의 위대한 아치를 이루고 있는 하늘을 결코 잊어버리지 않게 하옵소서.
주님의 모든 피조물들이 기쁨의 노래와 환호성으로 아침에게 인사하는 이때에 나만 홀로 기분이 언짢고 퉁한 얼굴로 있지 않게 하옵소서.

주님이 주의 지혜로 모든 살아있는 것들에 불어넣으신 에너지와 활력이 오늘 내 존재 안에서도 솟구쳐서 내가 주님의 피조물 중에서 게으르거나 아무 생각이 없는 방관자가 되지 않게 하옵소서.
그리고 무엇보다 나에게 은혜를 주셔서 내 주위에 있는 지구의 이러한 아름다움과 내 안에서 이렇게 생명이 열렬하게 약동하는 것을 활용하여 내 영혼이 피조물에서 창조주께로, 자연에서 자연을 지으신 하나님께로

O Lord, your divine tenderness always outsoars the narrow loves and kindnesses of earth. Grant me today a kind and gentle heart toward all things that live. Help me to take a stand against cruelty to any creatures of yours. Help me to be actively concerned for the welfare of little children, and those who are sick, and of the poor, remembering that what I do for the least of these brothers and sisters of his, I do for Jesus Christ my Lord.[14)] Amen.

● *A Diary of Private Prayer*

상승하게 하옵소서.

오 주님, 하나님의 온유한 사랑은 지상에서 인간이 베푸는 좁은 사랑과 친절을 언제나 초월하십니다. 오늘 내가 살아있는 모든 것을 향해 친절하고 온유한 마음을 갖게 하옵소서. 주님의 어떠한 피조물에 대해서도 잔학한 행위를 하는 것을 내가 반대하도록 도와주옵소서. 또한 내가 주님의 형제자매들 중에 가장 작은 자에게 행하는 것이 곧 나의 주 예수 그리스도께 행하는 것임을 기억하면서[14] 어린 아이들과 병든 자들과 가난한 자들의 복지에 적극적으로 관심을 갖도록 도와주옵소서. 아멘.

THIRTIETH DAY EVENING

ALMIGHTY and blessed God, you have never left yourself without a witness on earth. In every age you have raised up holy and prophetic people to lead us into the way of faith and love. I praise your name for the gift of your holy apostle Saint Paul. Thank you for the zeal you gave him to carry the lamp of truth, already lit in the East, into the Western world.

> Saint Paul said, "Put away from you all bitterness and wrath and anger and wrangling and slander, together with all malice, and be kind to one another, tenderhearted, forgiving one another, as God in Christ has forgiven you."
> O God, incline my heart to follow in this way.
> Saint Paul said, "Put on the Lord Jesus Christ, and make no provision for the flesh, to gratify its desires."
> O God, incline my heart to follow in this way.
> Saint Paul said, "I beat my body and make it my slave so that after I have preached to others, I myself will not be disqualified for the prize."
> O God, incline my heart to follow in this way.
> Saint Paul said, "Do nothing from selfish ambition or conceit, but in humility regard others as better than yourselves."

제30일 저녁

전능하시고 찬양을 받기에 합당하신 하나님, 주님은 이 땅 위에 증인을 세우시지 않고 홀로 계신 적이 한 번도 없으셨습니다. 모든 시대마다 주님은 거룩한 사람들과 예언자들을 일으키셔서 우리를 믿음과 사랑의 길로 인도하셨습니다. 이중에서 주의 거룩한 사도 바울을 선물로 보내주셔서 주님의 이름을 찬양합니다. 주께서 그에게 복음의 열정을 주셔서 이미 동방의 땅에서 빛나던 진리의 등불을 서양 세계로 옮겨 비추게 하신 것을 감사드립니다.

사도 바울은 이렇게 말하였습니다. "너희는 모든 악독과 노함과 분냄과 떠드는 것과 비방하는 것을 모든 악의와 함께 버리고 서로 친절하게 하며 불쌍히 여기며 서로 용서하기를 하나님이 그리스도 안에서 너희를 용서하심과 같이 하라." (에베소서 4:31-32)
　　오 하나님, 내 마음이 이 길을 따르게 하옵소서.
사도 바울은 이렇게 말하였습니다. "오직 주 예수 그리스도로 옷 입고 정욕을 위하여 육신의 일을 도모하지 말라." (로마서 13:14)
　　오 하나님, 내 마음이 이 길을 따르게 하옵소서.
사도 바울은 이렇게 말하였습니다. "내가 내 몸을 쳐 복종하게 함은 내가 남에게 전파한 후에 자신이 도리어 버림을 당할까 두려워함이로다." (고린도전서 9:27)
　　오 하나님, 내 마음이 이 길을 따르게 하옵소서.
사도 바울은 이렇게 말하였습니다. "아무 일에든지 다툼이나 허영으로 하지 말고 오직 겸손한 마음으로 각각 자기보다 남을 낫게 여기라." (빌립보서 2:3)

O God, incline my heart to follow in this way.

Saint Paul said, "Let the one who boasts, boast in the Lord."

O God, incline my heart to follow in this way.

Saint Paul said, "Devote yourselves to prayer, keeping alert in it with thanksgiving. At the same time pray for us as well that God will open to us a door for the word, that we may declare the mystery of Christ..."

O God, I pray tonight especially for all who, following in the footsteps of Saint Paul, are crossing frontiers to share the light of Christ's gospel. Amen.

● *A Diary of Private Prayer*

오, 하나님, 내 마음이 이 길을 따르게 하옵소서.

사도 바울은 이렇게 말하였습니다. "자랑하는 자는 주 안에서 자랑하라." (고린도전서 1:31)

오, 하나님, 내 마음이 이 길을 따르게 하옵소서.

사도 바울은 이렇게 말하였습니다. "기도를 계속하고 기도에 감사함으로 깨어 있으라. 또한 우리를 위하여 기도 하되 하나님이 전도할 문을 우리에게 열어 주사 그리스도의 비밀을 말하게 하시기를 구하라." (골로새서 4:2-3)

오 하나님, 오늘밤 특별히 사도 바울의 발자취를 따라서 외국으로 나가 그리스도의 복음의 빛을 함께 나누는 모든 이들을 위해 기도합니다. 아멘.

THIRTY-FIRST DAY MORNING

GLORY to you, O Lord my King! In love and awe I greet you at the beginning of another day! I give you all my praise and love and loyalty, O Lord most high!

Help me, O Lord God, not to let my thoughts today be wholly occupied by the world's passing show. In your loving kindness you have given me the power to lift my mind to contemplate the unseen and eternal; help me not to remain content only with what I see and feel, here and now. Instead grant that each day may do something to strengthen my grasp of the unseen world and my sense of the reality of that world. And so, as the end of my earthly life draws ever nearer, bind my heart to the holy interests of that unseen world, so that I may not grow to be a part of these fleeting earthly surroundings, but instead grow more and more ready for the life of the world to come.

O Lord, you see and know all things. Give me grace, I pray, to know you so well and to see you so clearly that in knowing you I may know myself as completely as you know me; and in seeing you I may see myself as I really am before you. Give me today a clear vision of my life in time as it appears in your eternity.

제31일 아침

오 나의 왕이신 주님, 주께 영광을 돌립니다! 또 다른 하루가 시작되는 이 시간에 사랑과 경외심으로 주께 경배를 드립니다! 오 지극히 높으신 주님, 주께 내 모든 찬양과 사랑과 충성을 드립니다!

오 주 하나님, 오늘 나의 생각이 이 세상의 지나가는 겉모습에 완전히 빠져들지 않게 도와주옵소서. 주님은 주의 자애로 내 정신을 들어 올려 보이지 않는 영원한 세계를 묵상할 수 있는 능력을 나에게 주셨습니다. 그래서 내가 여기서 지금 보고 느끼는 것에만 만족하지 않게 도와주옵소서. 그 대신 내가 보이지 않는 세계를 파악하는 능력과 그 세계의 실재에 대한 나의 감각을 날마다 강화시켜 주옵소서. 그리하여 내 지상의 삶의 끝이 줄곧 더 가까이 다가올수록 그 보이지 않는 세계의 거룩한 유익함에 내 마음을 집중시켜 주시고, 내가 이 덧없는 세상 환경의 일부분으로 있다 사라지는 것이 아니라 그 대신 다가올 세상의 삶에 들어갈 준비를 더욱더 하며 살게 하옵소서.

오 주님, 주는 모든 것을 보고 알고 계십니다. 지금 기도하오니 주님을 잘 알고 주님을 분명하게 볼 수 있도록 나에게 은혜를 주옵소서. 그래서 주님을 알게 됨으로써 주께서 나를 완전히 아시는 것처럼 내가 나 스스로를 알기 원하며, 주님을 보게 됨으로써 내가 주 앞에 있는 모습 그대로 나 스스로를 보기 원합니다. 나의 삶이 주님의 영원 속에 나타나는 모습 그대로 시간 속에 사는 나의 삶에 대한 분명한 비전을 오늘 내게 주옵소서.

Show me my own smallness and your infinite greatness. Show me my own sin and your perfect righteousness. Show me my own lack of love and your exceeding love.

Yet in your mercy show me also how, small as I am, I can take refuge in your greatness; how, sinful as I am, I may lean upon your righteousness; and how, loveless as I am, I may hide myself in your forgiving love. Help me today to keep my thoughts centered on the life and death of Jesus Christ my Lord, so that I may see all things in the light of the redemption which you have granted to me in his name. Amen.

● *A Diary of Private Prayer*

나 자신이 얼마나 작은 존재인지 그리고 주님이 얼마나 무한히 위대하신 존재인지 나에게 보여주옵소서. 나 자신의 죄와 주님의 완전하신 의를 나에게 보여주옵소서. 나 자신의 결핍된 사랑과 주님의 넘치는 사랑을 나에게 보여주옵소서.

하지만 주님의 자비로 비록 나는 작지만 어떻게 주님의 위대하심을 피난처로 삼을 수 있을지 보여주옵소서. 비록 나는 죄인이지만 어떻게 주님의 의를 의지할 수 있을지 보여주옵소서. 그리고 비록 나는 사랑이 없지만 어떻게 주님의 용서하시는 사랑 안에 숨을 수 있을지 주님의 자비로 내게 보여주옵소서. 오늘 나의 생각이 내 주 예수 그리스도의 삶과 죽음에 집중하도록 도와주셔서 주님이 그리스도의 이름으로 나에게 베풀어 주신 구속에 비추어 모든 것을 보게 하옵소서. 아멘.

THIRTY-FIRST DAY   EVENING

O LORD, you are the Lord of the night as you are of the day, and all the stars are obedient to your will. In this hour of darkness, I too submit my will to yours.

O God, set me free—

from the stirrings of self will within my heart;
from cowardly avoidance of the things I need to do;
from rebellious reluctance to face necessary suffering;

from discontentment with my place in life;
from jealousy of those whose place in life is easier;
from being dissatisfied with my talents yet hungry for more;
from the pride which sets human knowledge above your wisdom;
from undisciplined thought;
from being unwilling to learn and disinclined to serve.

O God my Father, you are often closest to me when I am farthest from you, and you are near at hand even when I feel that you have abandoned me; mercifully grant that the defeat of my self-

제31일 저녁

오 하나님, 주님은 낮의 주가 되신 것 같이 밤의 주도 되시며, 모든 별들이 주님의 뜻에 순종하고 있습니다. 이 어둠의 시간에 나 역시 내 뜻을 주의 뜻에 맡깁니다.

오 하나님, 다음의 여러 굴레로부터 나를 해방시켜 주옵소서.

내 마음 안에서 솟구치는 아집으로부터,
내가 꼭 해야 할 일들을 비겁하게 회피하는 태도로부터,
피할 수 없는 고난에 대담하게 맞서지 않고 반항하며 주저하는 태도로부터,
내 삶의 형편에 대한 불만으로부터,
삶의 형편이 나보다 더 편안한 사람들에 대한 질투로부터,
내가 받은 달란트가 작아서 불만을 품고 더 많은 달란트를 갈구하는 마음으로부터,
인간의 지식을 주님의 지혜보다 중시하는 교만으로부터,
훈련되지 못한 생각으로부터,
배우고 싶지 않으며 섬기는 데 주저하는 마음으로부터,
나를 해방시켜 주옵소서.

오 나의 아버지가 되신 하나님, 주님은 내가 주로부터 가장 멀리 있을 때 흔히 나와 가장 가까이에 계십니다. 그리고 주님이 나를 버렸다고 내가 느낄 때조차도 주는 바로 내 곁에 가까이 계십니다. 이제 자비를 베푸셔서 나

centeredness may be the triumph in me of your eternal purpose.

May I grow more sure of your reality and power;
May I reach a clearer picture of the meaning of my life on Earth;

May I strengthen my hold on eternal life;
May I look increasingly to what lies beyond my vision;
May my desires become less unruly and my thoughts more pure;

May my love for other people grow deeper and more tender, and may I be more willing to take their burdens upon myself.

To your care, O God, I commend my soul and the souls of all whom I love and who love me; through Jesus Christ our Lord. Amen.

- *A Diary of Private Prayer*

의 이기심이 꺾임으로 내 안에서 주님의 영원한 목적이 승리하게 하옵소서.

내가 주님의 실재와 능력을 더욱 확신하게 하옵소서.
내가 이 세상에서의 내 삶의 의미에 대한 더욱 분명한 이미지를 갖게 하옵소서.
내가 영원한 생명을 더욱 강하게 붙들게 하옵소서.
내가 눈에 보이지 않는 세계를 점점 더 보게 하옵소서.
나의 욕구가 더욱 절제되게 하시고 나의 생각이 더욱 순수해지게 하옵소서.
다른 사람들에 대한 나의 사랑이 더욱 깊어지고 더욱 다정해지게 하시며.
내가 더욱 기꺼이 그들의 짐을 지게 하옵소서.

오 하나님, 나의 영혼과 내가 사랑하고 나를 사랑하는 모든 사람들의 영혼을 주님의 돌보심에 맡깁니다. 우리 주 예수 그리스도의 이름으로 기도합니다. 아멘.

SUNDAY MORNING

"Holy, Holy, Holy, Lord God Almighty; heaven and earth are full of your glory; glory be to you, O Lord most high."[15)]

O God, I ask for your blessing on this day of rest and refreshment. Let me rejoice today in your worship and be glad as I sing your praise. Do not let me concentrate today on the refreshment of my body rather than my spirit. Let my spirit be refreshed today as well as my body. Give me grace to gather myself together and center my heart on you. Help me to step aside for a little while from the busyness of life and think about its meaning and its end. Today, may Jesus Christ be the companion of my thoughts so that his divine humanity may take deeper root within my soul. May he be in me and I in him, just as you, Father, were in him, and through him may be in me; and so I may rest in you.

O Lord, you are the source and ground of all truth, the Light of Lights. You have opened the minds of men and women to understand the world and its secrets; guide me in the time I spend reading today. Give me grace to choose the right books and to read them in the right way. Give me wisdom to be selective, as well as strength to persevere. Let the Bible have its rightful place,

주일 아침

"거룩, 거룩, 거룩, 전능하신 주 하나님, 하늘과 땅이 주의 영광으로 충만합니다. 오 지극히 높으신 주님, 주께 영광을 돌립니다."[15]

오 하나님, 안식과 원기 회복의 이 날에 주의 복이 임하기를 기도합니다. 오늘 내가 주님을 예배하는 가운데 기뻐하게 하시고 주님을 찬송할 때 즐거워하게 하옵소서. 오늘 내가 나의 영혼보다 나의 몸이 원기를 회복하는 데 집중하지 않게 하옵소서. 오늘 나의 몸만 아니라 나의 영혼도 회복하게 하옵소서. 나에게 은혜를 주시어 기력을 모아 내 마음을 주님께 집중하게 하옵소서. 내가 잠시 분주한 생활에서 벗어나 그 생활의 의미와 목적을 생각하게 도와주옵소서. 오늘 예수 그리스도께서 내 생각의 동반자가 되셔서 하나님께로부터 오신 인간인 그의 성품이 내 영혼 안에 더 깊이 뿌리를 내리게 하옵소서. 바로 아버지이신 주께서 그리스도 안에 계셨던 것처럼 그리스도가 내 안에 계시고 내가 그리스도 안에 있게 하옵소서. 그리고 그리스도를 통해 아버지이신 주께서 내 안에 계시게 하옵소서. 그래서 내가 주 안에서 안식하게 하옵소서.

오 주님, 주는 모든 진리의 근원과 근거가 되시며 빛 중의 빛이 되십니다. 주님은 남자와 여자의 지성의 문을 열게 하시어 세상과 그 비밀들을 이해하게 하셨습니다. 오늘 내가 독서하는 시간에 나를 인도하옵소서. 올바른 책들을 선택하여 올바른 방식으로 읽을 수 있도록 내게 은혜를 주옵소서. 책을 끈기 있게 읽을 수 있는 힘은 물론 내용을 잘 선택할 수 있는 지혜를 내게 주옵소서. 나의 독서에서 성경이 합당한 자리를 차지하게 하옵소서. 그

and grant that as I read I may be alive to the stirrings of your Holy Spirit in my soul.

I pray, O God, for all those who are seeking you earnestly today, and for every group of men and women who are meeting together to praise and magnify your name. Whatever their way of worship, I ask you in your love to accept their sincere offering of prayers and praise, and lead them into life eternal; through Jesus Chirst our Lord. Amen.

● *A Diary of Private Prayer*

래서 내가 성경을 읽을 때 내 영혼 안에서 감동시키는 주의 성령에 민감한 반응을 하게 하옵소서.

오 하나님, 오늘 간절히 주님을 구하는 모든 사람들과, 함께 모여서 주의 이름을 찬양하고 높이는 모든 남녀 성도의 무리들을 위해 기도합니다. 그들의 예배 방식이 어떠하든지 진심으로 드리는 그 기도와 찬양을 주님의 사랑으로 받아주시고 그들을 영원한 생명으로 인도하여 주시기를 기도합니다. 우리 주 예수 그리스도의 이름으로 기도합니다. 아멘.

SUNDAY EVENING

HOLY Spirit of God, you are a gracious and willing guest in every heart that is humble enough to receive you. Be present now within my heart and guide my prayer.

For all the gracious opportunities and privileges of this day, I give you thanks, O Lord;

> For the rest I have enjoyed today from work and chores;
> For your invitation to keep this day holy for you;
> For church and the ministry of public worship;
> "For the blessed sacrament in which, as often as we eat and drink it, we remember our Lord's death and taste his living presence;"[16)]
> For all the physical symbols through which heavenly realities have today grasped my soul more firmly;
> For the books I have read and the music which has lifted my heart;
> For today's friendly conversations;
> For the Sabbath peace of Christian homes;
> For the inner peace which has ruled within my heart.

Grant, O heavenly Father, that the spiritual renewal I have

주일 저녁

하나님의 성령이시여, 주님은 겸손하게 주를 영접하는 모든 사람의 마음 안에 은혜를 베푸시며 기꺼이 찾아오시는 분입니다. 이제 내 마음 안에 임재하셔서 나의 기도를 인도하옵소서.

오 주님, 오늘 하루 내게 주신 모든 은혜로운 기회들과 특권들에 대하여 감사드립니다.

오늘 일상의 일들에서 벗어나 휴식을 누린데 대하여,
주님을 위해 이 날을 거룩하게 지키도록 이끌어주심에 대하여,
교회와 공중 예배를 드릴 수 있음에 대하여,
"복된 성만찬에 참여하여 우리가 먹고 마실 때마다 우리 주님의 죽으심을 기억하고 그의 살아계신 임재를 맛보는 사실에 대하여,"[16]

오늘 내 영혼이 천국의 실재들을 더욱 확고하게 붙들게 만든 모든 물질적인 성찬의 상징들에 대하여,
내가 읽은 책들과 내 마음을 고양시킨 음악에 대하여,
오늘 다정하게 나눈 대화에 대하여,
그리스도인들의 가정이 누리는 안식일의 평화에 대하여,
내 마음을 다스리는 내적 평화에 대하여,
오 주님, 감사드립니다.

오 하늘에 계신 아버지, 내가 내일 연속되는 일상의 업무로 복귀할 때 오

enjoyed today may not be left behind and forgotten as tomorrow I return to the daily cycle of work. Here is a fountain of inward strength. Here is a purifying wind that will blow through all the business, work, and relaxation of the coming week. Here is light to illuminate my road. Therefore, O God, help me to discipline my will so that in hours of stress I may honestly seek after those things which I have prayed for in hours of peace.

Before I lie down to sleep, I commit all my dear ones to your unsleeping care; through Jesus Christ our Lord. Amen.

● *A Diary of Private Prayer*

늘 누린 영적 회복을 뒤로 하고 잊지 않게 하옵소서. 여기에 내적 능력의 원천이 있습니다. 여기에 이번 주간 내가 하게 될 업무와 일과 기분 전환의 모든 과정을 통해 불어올 정결케 하는 바람이 있습니다. 여기에 내 앞길을 밝게 비출 빛이 있습니다. 그러므로 오 하나님, 내 의지를 단련시키도록 나를 도와주셔서 내가 평안할 때 기도했던 것들을 스트레스 받을 때도 솔직하게 구하게 하옵소서.

내가 누워 잠들기 전에 나의 사랑하는 모든 이들을 주무시지도 않고 돌보시는 주님께 맡깁니다. 우리 주 예수 그리스도의 이름으로 기도합니다. 아멘.

주 (註)

1) 원문의 표현 (단어나 어구나 문장)이 개정판에 빠져 있는 경우 [ ]속에 넣어 표시한다.
2) 에밀리 브론테 (Emily Bronte, 1818-1848, 영국의 여류 소설가, 시인)의 시 "내 영혼은 겁쟁이가 아닙니다." ("No Coward Soul Is Mine.")에 나오는 구절이다.
3) 성 어거스틴 (354-430)의 『고백록』.
4) 개정판에는 원문의 "주의 이름에 모든 영광이 있기를 원합니다."가 빠져 있다. 그 대신 원문에는 없는 시의 한 부분이 추가되어 있다. 이것은 존 그린리프 휘티어 (John Greenleaf Whittier, 1807-1892, 미국의 퀘이커 교도 시인)의 시 "영원한 선" ("The Eternal Goodness")에 나오는 구절이다.
5) 개정판에는 원문의 "국내에 있는 모든 외로운 외국인들을 위해,"가 "외로운 이들을 위해,"로 수정되었으나 둘 다 병기하는 것이 더 낫겠다.
6) 아서 휴 클러프 (Arthur Hugh Clough, 1819-1861, 영국의 시인)의 시 "그것은 내 영혼을 요새처럼 방비해서 지식을 얻게 한다." ("It Fortifies My Soul to Know.")에 나오는 구절이다.
7) 세실 프랜시스 알렉산더 (Cecil Frances Alexander, 1818-1895, 아일랜드의 여성 찬송가 작사가이자 목사 사모)의 찬송시 "저 멀리 푸른 언덕에" ("There is a Green Hill Far Away")의 2절 가사이다. 새찬송가 146장 "저 멀리 푸른 언덕에"의 2절 한글 가사는 영어 가사와는 상당히 다르게 "그 흉한 십자가에서 한없는 고통을 이 세상 사람 위하여 당하신 것일세."로 번역되어 있다.
8) 로마서 11:33 참고: "깊도다 하나님의 지혜와 지식의 풍성함이여, 그의 판단은 헤아리지 못할 것이며 그의 길은 찾지 못할 것이로다."
9) 조지 크롤리 (George Croly, 1780-1860, 아일랜드의 시인, 작가 및 런던의 성 스데반 월브룩 성공회 교회의 교구 사제)의 찬송시 "하나님의 영이여, 내 마음에 강림하소서." ("Spirit of God, Descend upon My Heart.")의 마지막 5절 끝에 나오는 구절이다.
10) 크레타의 성 안드레 (St. Andrew of Crete, 660-740, 그리스 동방 정교회의 8세기 대주교 및 찬송가 작사가)의 찬송시이며 존 M. 니일 (John M. Neale, 1818-1866)에 의해 영어로 번역되었다.
11) "세상은 우리에게 너무나 벅차다.": 윌리엄 워즈워스 (William Wordsworth, 1770-1850, 영국의 시인)의 시 "세상은 우리에게 너무나 벅차다"의 일부.

"우리의 의지는 우리의 것이지만": 앨프리드 테니슨 경 (Alfred, Lord Tennyson, 1809-1892, 영국의 계관 시인, 제1대 테니슨 남작)의 시집 "In Memoriam A. H. H." ("A. H. H.를 추모하며")의 서시에 나온다. 이 시집은 테니슨 경의 케임브리지 대학 시절 친구인 아서 헨리 핼럼

(Arthur Henry Hallam)이 돌연사 한 후에 그를 애도하며 지은 것이다.

"당신에게 적절한 때에 있는 것은": 마르쿠스 아우렐리우스 (Marcus Aurelius, 121-180, 로마 제국의 제 16대 황제 [161-180]이자 스토아 학파 철학자), 『명상록』.

"하나님으로부터 위대한 일을 기대하라.": 윌리엄 캐리 (William Carey, 1761-1834, 인도에서 활동한 영국의 침례교 선교사), "불멸의 설교" ("The Deathless Sermon").

"그 분의 뜻 안에 우리의 평화가 있습니다.": 단테 알리기에리 (Dante Alighieri, 1265-1321, 이탈리아의 시인), 『신곡』, 「낙원」 (Paradiso).

"신성한 순간은 현재의 순간이다.": 시에나의 성녀 카테리나 (Saint Catherine of Siena, 1347-1380), 이탈리아의 성 도미니코 수도회의 제3회원, 신비주의자, 작가 및 교회의 개혁과 정치 활동가.

"하나님만으로 충분하지 않은 사람은": 작자 미상.

"주께서 명하시는 것을 주시고,": 성 어거스틴의 『고백록』.

"나의 과거의 삶은 숨기시고,": 작자 미상.

12) 마태복음 25:45 참고: "이에 임금이 대답하여 이르시되 내가 진실로 너희에게 이르노니 이 지극히 작은 자 하나에게 하지 아니한 것이 곧 내게 하지 아니한 것이니라 하시리니."
13) 앨프리드 테니슨 경, "A. H. H.를 추모하며"의 Canto 55에 나온다.
14) 마태복음 25:40 참고: "임금이 대답하여 이르시되 내가 진실로 너희에게 이르노니 너희가 여기 내 형제 중에 지극히 작은 자 하나에게 한 것이 곧 내게 한 것이니라 하시고."
15) 이사야 6:3 참고: "서로 불러 이르되 거룩하다 거룩하다 거룩하다 만군의 여호와여 그의 영광이 온 땅에 충만하도다 하더라." 누가복음 2:14 참고: "지극히 높은 곳에서는 하나님께 영광이요."
16) 고린도전서 11:26 참고: "너희가 이 떡을 먹으며 이 잔을 마실 때마다 주의 죽으심을 그가 오실 때까지 전하는 것이니라."

존 베일리와 함께하는 매일 기도
A Diary of Private Prayer

지은이	존 베일리
개정한 이	수잔나 라이트
옮긴이	김영일
펴낸이	정덕주
발행일	2023. 06. 30
펴낸곳	한들출판사
	서울시 종로구 대학로 19(기독교회관 1012호)
	등록 제2-1470호. 1992년
홈페이지	www.handl.co.kr
전자우편	handl2006@hanmail.net
전화	편집부 02-741-4069
	영업부 02-741-4070
ISBN	89-8349-832-8 93230